W0247502

HANS-WERNER SCHROEDER · DAS GEBET

HANS-WERNER SCHROEDER

DAS GEBET

ÜBUNG UND ERFAHRUNG

URACHHAUS

ISBN 3 87838 217 0
© 1977 Verlag Urachhaus
Johannes M. Mayer GmbH & Co KG Stuttgart
Alle Rechte vorbehalten
Einband Walter Krafft
Satz und Druck der Offizin Chr. Scheufele Stuttgart

Inhalt

Gebet – Mitte des Lebens

Die Betrachtungen dieses Buches sind aus der Praxis heraus entstanden: aus Erfahrungen auf dem eigenen Wege, aus Anregungen, die Gesprächen und die dem Leben im Kultus zu danken sind. Was so erfahren ist, möchte den Erfahrungen anderer als Ermutigung, vielleicht als Hilfe dienen: Für die Praxis möchte dieses Büchlein geschrieben sein.

✳

Was viele Menschen heute dem religiösen Leben gegenüber gleichgültig macht, ist das tiefreichende Gefühl, Religion habe mit den alltäglichen Angelegenheiten des Lebens nichts zu tun; sie sei eine Sonntagsbeschäftigung, ja – sie entfremde den Menschen der Welt, sei »Opium«, Flucht vor den Realitäten des Lebens. Unumwunden muß zugegeben werden: In allem geistigen Leben liegt die Gefahr der Selbstbezogenheit, der einseitigen Verinnerlichung; und besonders im religiösen Bereich droht egoistisches Seligkeitsstreben und Selbstbetrug durch unechtes Gefühl. Jedoch – Abirrungen gibt es überall, wo Menschen handeln: wer seine Ernährung mit unmäßiger Genußsucht betreibt, liefert damit noch keinen Beweis gegen die Notwendigkeit der Nahrungsaufnahme selbst.

Religion und Gebet berühren tiefere Bereiche unseres Menschseins und sind mit tieferen Notwendigkeiten unseres Lebens verknüpft; diesen Bereichen unseres Daseins gegenüber herrscht heute weithin Unsicherheit; Sicherheit muß für den heutigen Menschen aus zwei Quellen hervorgehen: aus vertiefter *Erfahrung* und aus erweiterter *Erkenntnis*.

Das religiöse Leben, wie es in der Christengemeinschaft gepflegt wird, ist aus diesen beiden Quellen gespeist: Im erneuerten *Kultus* eröffnet sich ein objektiver *Erfahrungsbereich* für jeden Menschen; ja, der Kultus ist geradezu die Schule echter Andacht und rechten Gebetes. Er wirkt so, daß der Einzelne von vornherein in einem größeren Ganzen darinnensteht, nicht nur für sich betend, sondern in der Gemeinschaft und für die Welt. Zudem erklingt im erneuerten Gottesdienst, in der Menschenweihehandlung, an bedeutungsvoller Stelle und in feierlicher Art das Gebet der Gebete, das Vaterunser – vorbildlich für jeden, der das Beten übt; an diesem »Vor-gang« kann sich alles persönliche Gebet orientieren. Und schon dadurch wird dem Egoismus und der Selbstbezogenheit entgegengewirkt.

Aber auch von der *Erkenntnisseite* her braucht der Betende Anregungen für eine weite, weltgerechte Auffassung dessen, was er tut. Bei den Worten des Vaterunsers muß sich etwas Vernünftiges *denken* lassen, woran sich das Gefühl in richtiger Art anschließen und orientieren kann; die Bemühungen dieses Buches gehen auch zum Teil in diese Richtung; hier sei dafür vor allem noch auf

Gedanken von Friedrich Rittelmeyer über »Das Vaterunser« verwiesen und überhaupt auf die Erkenntnisbe-
mühungen innerhalb der Christengemeinschaft und
ihrer Literatur. Es genügt heute nicht mehr, ein »from-
mer« Mensch zu sein: Das ganze Weltbild muß bis in
einzelne Lebensgebiete hinein für das Geistige er-
schlossen werden. Welche Bedeutung die Erkenntnistat
Rudolf Steiners in diesem Zusammenhang hat, werden
wir in einem eigenen Kapitel besprechen.

Die Erfahrungen im *Erkennen* und im *Kultus* geben
uns heute die Sicherheit und das Gleichgewicht, welche
wir für alle Gebetsübungen brauchen. Damit ist auf die
Voraussetzungen eines zeitgemäßen religiösen Lebens
hingewiesen. Auf diesem Hintergrund können wir uns
der Anfangsfrage zuwenden.

*

Religion wird weithin als etwas empfunden, was mit
dem »eigentlichen« Leben nichts zu tun hat; sie erscheint als eine Art »Überbau« über den harten Realitäten des Daseins, einem subjektiven »religiösen Bedürf-
nis« entspringend, ohne Bedeutung für die Wirklichkeit.

Es ist bei Vernunft und gutem Willen leicht einzusehen,
daß gerade das Gegenteil richtig ist – wenn wir die oben
genannten Voraussetzungen im Auge behalten. Mit allem, was der Mensch heute zu tun hat, ist er in Gefahr,
sich selbst zu verlieren, *sich selbst* fremd zu werden.

Das Leben in der heutigen Arbeitswelt und Zivilisation führt den Menschen in extremer Weise nach außen, von dem Zentrum seines eigenen Wesens ab. Auch das hat seinen Sinn; die Menschheit ist reif, in die Spannung zwischen außen und innen immer stärker hineingeleitet zu werden und daran zu erstarken. Dieses Leben in einer sich immer mehr veräußerlichenden Welt darf jedoch nicht zum »Verlust der Mitte« führen. Daraus erwächst dem religiösen Leben heute seine neue, bedeutende Aufgabe: Es darf heute nicht nur keine Abkehr predigen von der Außenwelt; es muß dem Menschen vielmehr die Stärke verleihen, ohne Verlust der Mitte in dieser Außenwelt leben zu können.

Hier kommt dem Gebet eine wachsende Bedeutung zu. Es ist – recht geübt, und davon soll im Folgenden die Rede sein – der Kraftquell, aus dem alle Stärke für die Erdenaufgabe des Menschen erfließen kann. Richtiges *Leben* im Gebet führt zu *richtigem* Leben in der Erdenaufgabe. Was zunächst als »Überbau« erscheinen mag, ist in Wahrheit der Quellgrund für alle tätigen Seelenkräfte; ohne diesen Quellgrund wird alles Dasein sinnlos, öde, leer, und die Seele erlahmt schließlich trotz aller äußeren Aktivität. Es kommt darauf an, ob die Seele den *Ursprung ihres eigenen Wesens,* ihre *Mitte* zu finden vermag; und zwar dort, wo sie gleichzeitig über sich selbst hinaus – und in ein höheres Dasein, in das Dasein des Göttlichen, hineinwächst: im Gebet. Im wahren Gebet steht der Mensch mit all' seinen Seelenkräften, mit Denken, Fühlen, Wollen, in der *Mitte sei-*

nes eigenen Wesens. Und in Wahrheit ist das Gebet – verstehen wir uns nur selbst recht – nie etwas unserem Ich fremdes, sondern gerade das allerinnerste und – nächste: innerste Mitte unseres Daseins, weil wir nicht einem Äußerlichen zugewendet, sondern dem Innerlichsten unseres Wesens hingegeben sind: dem Göttlichen.

Es ist heute viel davon die Rede, wie schwer es sei zu beten. Diese Klage ist berechtigt. Demgegenüber darf aber auch gesagt werden: Hier ist das *Einfache* schwer; denn Gebet wird doch endlich wieder das Einfachste, Vertrauteste, das sich denken läßt. Wir meinen, es sei eine besondere Anstrengung, – dürfen wir sagen: Verkrampfung? – der Seele dazu notwendig? Im Gegenteil: ein Ablegen alles der Seele Äußerlichen, aller Verkrampfung – das ruhige, stille, »ein-fache« »Zu-sich-kommen« ist es gerade: »Zu-sich-kommen«? Ja, eben: das »zu uns selbst Kommen«, das Eingehen in die Mitte unseres Lebens, in den Quellgrund unseres Seins und des göttlichen Seins in uns. Denn was wollten wir Menschen sehnlicher, als immer wieder die tiefe Übereinstimmung zu fühlen mit uns selbst und – mit Gott?

*

So gilt es, zunächst die Hemmnisse zu erkennen und beiseite zu räumen, die uns von dem trennen, was uns zu uns selbst führt. Diesem Bemühen seien die folgenden Betrachtungen gewidmet.

Hören und Sprechen

Wohl nie in der Menschheitsgeschichte ist so viel gehört worden wie heute: Radio, Schallplatte und Tonband, Film und Fernsehen haben eine Geräuschkulisse aus Worten und Tönen um uns erstehen lassen, die viele Menschen den ganzen Tag begleitet. Hinzu kommen die technischen Geräusche der Straße und der Lärm der Flugzeuge, der Maschinenlärm in den Fabriken und in den Haushaltungen, die sicher längst das dem Menschen zuträgliche Maß überschritten haben. Und da wir unser Ohr nicht wie das Auge den Umweltreizen verschließen können, sind wir heute im Übermaß Hörende.

Aber dieses Übermaß bewirkt gerade, daß wir oft gar nicht mehr hören – daß wir nicht mehr »hin-hören« und nicht mehr »auf-hören«. Unsere Sprache bezeichnet verschiedene Stufen des Hörens: »Hinhören« heißt doch, nicht nur *hören,* sondern im Hören sich innerlich *hinbewegen* können zu dem Gehörten, eine seelische Bewegung ausführen, die uns feiner, tiefer, innerlicher mit dem verbindet, was wir hören. Ja, man kann sich sogar »hineinhören« in etwas. Wie wichtig diese Seelenfähigkeit für alles menschliche Begegnen ist, braucht kaum betont zu werden. Wie stark sie heute im Übermaß des Hörenmüssens, ja in der Abwehr gegenüber der fast lückenlosen Geräuschkulisse in Mitleidenschaft gezogen wird, kann jeder selbst an sich und an anderen, besonders an Kindern beobachten.

*

Für alles religiöse Leben ist die Fähigkeit des Menschen, hinzuhören und »auf«-zuhören, entscheidend. Beim Miterleben der kultischen Gebete etwa gilt es, im äußeren Worte das »innere« Wort zu finden durch das Hineinhören, Hineinlauschen in das, was zunächst nur äußerlich erscheint. Aber auch für das persönliche Gebet, hängt viel davon ab, ob dem *Sprechen* ein rechtes inneres *Hören* vorausgehen kann.

Im Mittelpunkt der christlichen Übung steht als Gebet das Vaterunser. Es ist oft darüber geschrieben worden, wie diesen Worten gegenüber das richtige Verständnis und die rechte Vertiefung gewonnen werden kann. Es kommt viel darauf an, ob sich mit den Gebetsworten lebendige Vorstellungen verbinden lassen oder ob der Inhalt der Worte blaß und unlebendig bleibt.

Aber damit ist noch nicht alles gegeben. Indem wir nämlich die Worte des Vaterunsers zu sprechen beginnen, mögen wir die Erfahrung machen, daß wir doch zunächst nur wie *von uns aus* sprechen und dadurch unsere Worte die Größe und Weite verlieren, die sie im Gebet haben sollten. Diese Erfahrung führt leicht dazu, die Gebetsübung nach einiger Zeit doch wieder fallen zu lassen. Das Gebet hat im Erleben des Betenden dann noch gar nicht die Macht, die es haben kann und soll.

Das Vaterunser schließt eine weitreichende Kraft in sich. Wie können wir diese Kraft finden?

Die Worte des Vaterunsers stammen von Christus selbst. Er hat sie selbst gesprochen. Wie mögen sie aus seinem Munde geklungen haben? Welche Tiefe und Kraft muß schon das erste Wort: »Vater« in der Seele Christi gehabt haben! Welchen Klang hatte solch ein Wort aus dem Sprechen Christi heraus? Indem die Vorstellung in uns lebendig wird, daß die Worte des Vaterunsers *aus dem Sprechen Christi* klingen, beginnen wir innerlich zu hören; und so sehr wir sonst Hörende sind aus dem Übermaß der äußeren Worte, Töne und Geräusche heraus – hier wird eine Qualität des Hörens gemeint, die in der ganzen heutigen Zivilisation so nicht vorkommt. »Aufhören« ist vielleicht das richtige Wort dafür, und in doppeltem Sinne: daß wir selbst zunächst zu sprechen aufhören und daß wir über das innere Hinhören zum »Hinauf-Hören« gelangen in jenen Bereich, in dem auch heute noch die Worte des Vaterunsers klingen: klingen aus der Seele des gegenwärtigen Christus heraus.

An das Sprechen des Christus, das wir uns im Geiste vorstellen, können wir uns anschließen im Hören und aus dem Hören dann erst selbst zum Sprechen kommen. So führt das Gebet aus dem Hören zum Sprechen und nach jeder Zeile aus dem Sprechen in das innere Hören zurück, aus welchem die Kraft zu neuem Aussprechen erwächst.

*

Unter den Mosaiken der Basilika San Apollinare Nuovo in Ravenna findet sich eine Darstellung des Christus, der über seinen Jüngern betet, sie selbst und ihr Gebet in sein Gebet einschließend. Diese Darstellung weist auf die überzeitliche Wirklichkeit hin, die wir meinen; auch heute gelten die Christusworte aus dem 17. Kapitel des Johannesevangeliums, dem »Hohepriesterlichen Gebet«: »Für die Menschen bitte ich bei dir...«. In das fortdauernde Gebet des Christus für die Menschheit können wir uns einbezogen fühlen, wenn wir hörend, »auf«-hörend das Vaterunser beten.

※

Eine Hilfe auf dem Wege zu solchem Hören und Sprechen mag es sein, das Vaterunser im Gottesdienst gesprochen zu *hören*. Immer wieder erregt es Befremden bei Menschen, die vom traditionellen Gottesdienst her anders gewohnt sind, daß das Vaterunser in der Menschenweihehandlung von der Gemeinde nicht mitgesprochen wird. Aus unseren Ausführungen mag hervorgehen, warum dies gerade das Richtige ist, das Vaterunser immer wieder in feierlicher Art gesprochen zu *hören*. Hier wird die Geräuschkulisse unserer gegenwärtigen Zivilisation durchbrochen, und es öffnet sich der Raum des inneren Wortes; aus dem Hören im Kultus wird der Sinn erweckt, der uns befähigt zu hören, auch wenn nicht äußerlich gesprochen wird, und die Weite und Größe des Sprechens Christi darin zu ahnen.

Wir im Übermaß Hörende müssen uns doch zu solchem Hören noch erziehen. Denn in Wahrheit droht die Menschheit heute taub zu werden, taub vor lauter äußerlichem Hören:

> »Wenn die Propheten einbrächen
> durch die Türen der Nacht
> und ein Ohr wie eine Heimat suchten –
> ...
> Ohr der Menschheit
> du mit dem kleinen Lauschen beschäftigtes,
> würdest du hören?«

> *Nelly Sachs*
> *aus »Wenn die Propheten einbrächen«*

Daß das »Ohr der Menschheit« neu hören lerne, dazu dient jedes wahre Gebet.

Christus betet mit den Jüngern auf dem Ölberg
Mosaik, Ravenna um 530

Foto: Barbara Tilch

Engel betend – aus Jerpoint / Irland

Egoismus im Beten

Manche Schwierigkeiten empfinden wir heute im Hinblick auf das Gebet; sie entstehen im wesentlichen von zwei Seiten her: erstens durch die Empfindung, das Gebet habe keine Kraft, es reiche gleichsam nur »bis zur Zimmerdecke«, es dringe nicht wirklich in eine höhere Welt. Wir haben zu zeigen versucht, wie dieser Schwierigkeit durch *das rechte Hören* zu begegnen ist – dadurch, daß man nicht nur *von sich aus* spricht, sondern im Hören sich anzuschließen sucht an das Sprechen Christi. Das Beten »von sich aus« wird wohl kaum die Kraft und Größe erreichen, die im Vaterunser liegen kann. Aus dem inneren Hören heraus aber bildet sich die Kraft, die wir zum Beten brauchen; und eine Brücke zu diesem Hören baut der Augenblick, wo wir im Kultus das Vaterunser sprechen hören.

*

Die zweite Schwierigkeit ersteht aus dem – oft unbewußten – Gefühl, daß Egoismus sich in unser Gebet einschleicht und unser Empfinden beim Beten vergiftet. Alles religiöse Leben, ja alles geistige Streben überhaupt ist durch den Egoismus in hohem Grade gefährdet; hier liegt die eigentliche Gefahr auch für das Gebet. Viele Menschen bemerken dies nicht; oft tritt der Egoismus in außerordentlich verfeinerter Form auf. Für viele Menschen liegt aber gerade hier – in dem Empfinden, daß dadurch etwas Unrechtes im Beten wirksam wird – die entscheidende Hemmung, überhaupt zu beten. Da geht es nicht um das Gefühl, nur *von sich aus* und dadurch kraftlos zu beten, sondern nur *für sich* zu beten und dadurch das Gebet in egoistischer Weise zu verzerren.

Ohne Zweifel ist das religiöse Leben dieser Gefahr nicht immer ganz entgangen. Ist es doch weithin üblich, ein ganz *persönliches* Wünschen zum Inhalt des Gebetes zu machen. Ja, es wird oft geradezu als Wesen des Gebetes angesehen, vor allem die *eigenen* Angelegenheiten vor Gott zur Sprache zu bringen. Hier liegt im Wortlaut des Vaterunsers eine gründliche Belehrung und geradezu die Berichtigung einer ungesunden Seelenhaltung, die das Beten im egoistischen Sinne trübt und dadurch unwirksam macht. Allerdings muß gesagt werden, daß auch das Vaterunser egoistisch gebetet werden kann: wenn nämlich das »unser« im Gemüt des Betenden in ein »mein« verkehrt und nicht bedacht und empfunden wird, daß es gerade nicht »mein«, sondern »unser« heißt. »Uns« und »unser« ist das häufigste Wort im Vaterunser – neunmal kommt es vor, »mein« fehlt dagegen ganz! Also auch da, wo ich um das alltägliche Brot bete, ist nicht etwa nur »mein« Brot gemeint, sondern das Brot aller, die ich in das Gebet einschließe! Um wen handelt es sich bei diesem »uns«? An wen denken wir dabei? Zunächst gewiß an die uns Nahestehenden, mit denen wir uns unmittelbar verbunden fühlen. Sie schließen wir in unser Gebet ein. Dazu gehören auch die Verstorbenen, in manchen Situationen auch die Ungeborenen. (Urbildlich erscheint diese Tatsache wiederum im Kultus: wenn als Abschluß der *Taufe* vom Priester über dem Täufling das Vaterunser gesprochen wird; oder wenn in der Reihe der *Bestattungsfeiern* im ganzen dreimal das Vaterunser gesprochen wird, dann versteht jeder, daß hier ein Egoismus im Beten ausgeschlossen ist.)

Mancher wird aber vielleicht die Kraft fühlen, das »uns« noch größer zu machen – die Menschen einzuschließen, mit denen man »unter einem Dache schläft«, mit denen man zusammenarbeitet in einem Betrieb usw. Und schließlich stellt sich die Frage: und unsere Feinde, die Menschen, an die wir nicht ohne Groll denken? Sollten nicht auch sie eines Tages in unser Gebet eingeschlossen werden können? Hier würde aller Egoismus aufhören. Und es ist klar, daß gerade dies das Vaterunser sagen will mit den Worten: »wie wir vergeben *unseren Schuldigern*«. Vieles würde sich gewiß im Zusammenleben der Menschen ändern, wenn diese Gesinnung unser Gebet stärker durchdringen könnte.

Denn die Gottheit liebt nicht nur mich; mit der gleichen Liebe liebt sie auch den anderen Menschen; und indem ich diese Liebe Gottes, die *jeden* Menschen betrifft, fühle, fällt für diesen Augenblick die Schranke weg, die mich von dem anderen Menschen, z. B. von meinem »Feinde«, trennen will.

So kann uns bewußt werden, wie Gott der Vater für *alle* Menschen ist. Niemand kann ausgeschlossen sein, wenn wir das Vaterunser wahrhaft beten wollen; daß das »unser« um so konkreter für uns wird, je näher uns ein Mensch – auf gute oder schlechte Art – steht, das ist klar. Aber grundsätzlich ausgeschlossen von diesem Gebet kann niemand sein; im Gegenteil: Grundsätzlich ist jeder Mensch eingeschlossen, und um so konkreter, je konkreter wir an einzelne Menschen denken. Je stärker mir bewußt wird, was darin liegt, daß ich die Gottheit Vater nennen darf: Wie sich darin *mein* allerpersönlichstes, tiefstes Verhältnis zu Gott ausdrückt, ein Verhältnis der Urverwandtschaft und der Liebe, das mich betrifft in meinem tiefsten Wesen – um so deutlicher muß ich auch erkennen, daß Gott nicht nur zu mir, sondern eben zu *jedem Menschen* ein solches Verhältnis hat; darin liegt schließlich die ursprüngliche Verbundenheit *aller* Menschen. Und darauf schauen wir, wenn wir recht beten: Nicht gilt es, für uns eine Sonderstellung vor Gott zu erwerben; das Gebet ruft vielmehr die Kraft in uns auf, den engsten Kreis unserer egoistischen Interessen aufzubrechen und *andere* Menschen in die innersten, tiefsten Empfindungen unseres Wesens einzubeziehen. So verwandelt sich die ursprüngliche Schwierigkeit gegenüber dem Gebet in einen starken Ansporn, zu beten; denn nun bete ich nicht *für mich* und für meine kleinen alltäglichen Angelegenheiten; sondern ich trage durch das Gebet etwas, vielleicht ein wenig nur, dazu bei, daß das Verhältnis zwischen Menschheit und Gottheit wieder ein rechtes wird. Darin allerdings liegt eine bedeutende Aufgabe im Blick auf unsere Zeit – eine Aufgabe für jeden, der nur irgendwie sich ein Verhältnis zum Beten erringen kann. Wahrhaftig – es sähe anders in der Menschheit aus, wenn es mehr Menschen gäbe, die um diese Aufgabe wüßten. Denn »ein rechtes Gebet vermag viel, wenn es ernst ist« (Jakobus 5,16).

Das Vaterunser

Vater unser,
  der Du bist in den Himmeln!
Geheiliget werde Dein Name.
Dein Reich komme zu uns.
Dein Wille geschehe,
  wie oben in den Himmeln,
  also auch auf Erden.
Unser alltägliches Brot gib uns heute;
und vergib uns unsere Schulden,
  wie wir vergeben unseren Schuldigern;
und führe uns nicht in Versuchung;
sondern erlöse uns von dem Bösen.
Denn Dein ist das Reich und die Kraft
  und die Herrlichkeit in Ewigkeit.
                              Amen.

Am Abend

Jede Tageszeit trägt ihre besonderen Möglichkeiten in sich. Am Abend, wenn der Tag zu Ende gegangen ist, findet sich die Seele gestimmt, sich zu besinnen. »Sich besinnen«: Die Sprache legt uns nahe, in der Besinnung nicht nur ein In-sich-Versinken, ein Sich-Abschließen in sich selbst zu sehen, sondern das Erschließen eines Sinnes, der neue, andere Wahrnehmungen ermöglicht, über das bis dahin Erlebte hinaus. Conrad Ferdinand Meyer drückt dies in einem Gedicht so aus:

> »Wer in der Sonne kämpft, ein Sohn der Erde,
> Und feurig geisselt das Gespann der Pferde,
> Wer brünstig ringt nach eines Zieles Ferne,
> Von Staub umwölkt– wie glaubte der die
>   Sterne?
>
> Doch das Gespann erlahmt, die Pfade dunkeln,
> *Die ew'gen Lichter fangen an zu funkeln,*
> *Die heiligen Gesetze werden sichtbar.*
> Das Kampfgeschrei verstummt. Der Tag ist
>   richtbar.«

Diese Worte beziehen sich auf den menschlichen Lebenslauf; aber als Bild benutzt der Dichter den Ablauf des Tages; der Tag ist wie ein Lebenslauf im Kleinen, und an jedem Abend kann sich etwas von der Stimmung geltend machen, die später einmal gewaltig in der Nähe des Todes heraufkommt und von der C.F. Meyer so spricht: »die ew'gen Lichter fangen an zu funkeln, die heiligen Gesetze werden sichtbar...« Ein *Sinn* kann am Abend erwachen dafür, daß wir Menschen an der Grenze stehen von Zeit und Ewigkeit, daß wir zwar in der Zeit befangen sind, aber doch immer wieder Grenzsituationen erleben, wo die Ewigkeit uns näherrückt als sonst und der Sinn für etwas sich öffnet, das über das Alltägliche hinaus liegt. Jeden Abend stehen wir an einer solchen Grenze; wenn wir einschlafen, überschreiten wir sie; wir wechseln über in ewige Bereiche; und endgültig wird dieser Übergang im Tode.

Diese Abendstimmung, in der unser Sinn für das Ewige der Welt erwacht, ist gleichzeitig die wichtigste Gebetsstimmung; denn das Gebet erfaßt ja *im Zeitlichen* das Ewige; es führt über das Alltägliche hinaus in den Bereich höherer, heiliger Gesetze, in das Bewußtsein »ewigen Lichtes«. Wir könnten sagen: Der Sinn, der da an der Grenze des Ewigen sich öffnen kann, wird nun gebildet und geschärft durch die Übung des Gebetes. So wie das Auge sich schärfen und bilden kann im bewußten Üben des Sehens, so üben wir einen Sinn, *erschließen* ihn nicht nur, sondern *üben* ihn durch das regelmäßige Beten des Vaterunsers am Abend. Solche Übung bildet; sie bildet so, daß bald auch im Alltäglichen der Sinn für die Ewigkeit nicht ganz schwindet.

Manchmal glaubt man es Menschen anmerken zu können, daß sie so übend beten: Sie stehen anders im Leben – ruhiger, selbstverständlicher, vielleicht auch tatkräftiger und doch bescheidener; immer ein wenig im Gefühl des Ewigen, der Ewigkeit.

✴

Was im Schlafe vor sich geht, bleibt uns heute weithin unbewußt; manchmal spiegelt sich etwas davon in Träumen ab: Das Losgelöstsein vom Körper zeigt sich etwa im Traumbild des Fliegens, dem der »Sturz« und damit das Erwachen folgt: Die Seele ist in den Leib zurückgekehrt; vorher aber schwebte sie leibfrei, den Weiten hingegeben. In solchem Traumbild stellt sich wie im Abglanz dar, was in Wirklichkeit vor sich geht: daß wir im Schlafe mit unserer Seele die Grenze überschreiten, eintreten in die Region des Ewigen, der »ewigen Lichter«, der »heiligen Gesetze«, uns gleichsam »auf-schwingen« über das Gebundensein des Zeitlichen hinaus. Die Frage entsteht: Ist es dabei gleichgültig, was wir tagsüber erlebt und getan haben, oder nehmen wir nicht doch etwas mit? Kann die »Aufschwungs-Kraft« der Seele gelähmt oder gesteigert werden?
In den letzten Jahren waren in Zeitungen immer wieder Bilder von Wasservögeln zu sehen, die mit dem auf den Meeren treibenden Öl in Berührung gekommen waren; das Öl, das die Federn durchtränkte, hatte ihnen die Fähigkeit genommen, zu fliegen. In einem Zeitalter, wo unzählige Menschen das *äußere* Erlebnis haben, daß

man sich mit dem Flugzeug über die Erde erheben, fliegen kann, droht das andere: daß die Seelen schwer werden, unfähig sich *innerlich* zu erheben, sich aufzuschwingen; daß sie auch nachts in der Nähe des »Ufers«, der Grenze bleiben müssen und am Morgen undurchlichtet, ungestärkt in den Alltag zurückkehren.

Gerade weil wir heute so stark im Äußeren leben, leben müssen, auch leben sollen, brauchen wir die Gegenkraft umso stärker, die der Seele die Flügel wachsen läßt und ihr die innere Aufschwungskraft verleiht. Das Gebet führt den Menschen nicht nur an die Grenze heran, es erweckt nicht nur den Sinn für das Ewige in der Welt und bildet ihn, sondern es erregt auch die Aufschwungskraft der Seele; denn es entfaltet im Irdischen schon die Ewigkeitsstimmung und verbindet die Seele mit den Kräften ewigen Aufschwungs, ewiger Erneuerung, die uns in echter Weise in den Bereich des »ewigen Lichtes«, der »heiligen Gesetze« hinaufführen kann. So die Schwungkraft der Seele zu stärken, wird immer wichtiger für die Menschheit werden.

Göttliche Vergebung

Das Gebet am Abend hat aber noch in anderer Art einen besonderen Charakter: Es faßt die Ereignisse des Tages zusammen und hebt sie in eine höhere Sphäre; wie eine Befreiung kann es für die Seele sein, wenn sie das, was sie am Tag erlebt, erlitten, verschuldet hat, am Abend dem Göttlichen entgegenheben darf und es so in ein Größeres aufgenommen und weitergetragen fühlen kann. Am Abend muß der Mensch sich sagen: Der Tag ist vorüber – an seinen Ereignissen kann ich nichts mehr ändern; aber ich darf mich betend an das Göttliche wenden, damit gesegnet werde, was gut war, und damit zum Guten – wo möglich – gewendet werde, was ich verschuldet habe. Wie das fortwirkt, was ich an diesem Tage getan habe, daran habe ich oft keinen oder nur geringen Anteil. Ich habe ein Wort gesprochen, eine Tat getan – mit guter Gesinnung, vielleicht mit Liebe: Mein Bestes ist damit verbunden; *wie* aber wird dieses Wort, diese Tat weiterwirken in der Seele des anderen Menschen und im Weltganzen? Daß sie richtig aufgenommen wird und gut weiterwirkt – darüber habe ich meist keine Macht. Ich übergebe mein Tun im Gebet der Gottheit, *sie* möge weiterführen, was meinem Willen entgleitet: »Dein Wille geschehe!«
Oder ich habe ein Wort gesprochen, etwas getan, wo-

durch ich schuldig geworden bin – oder vielleicht auch nur, womit ich »gefehlt« habe, d. h. worin ich das Ziel nicht erreicht, es »verfehlt« habe – nicht eigentlich aus bösem Willen, sondern aus Schwäche, aus Überlastung, aus innerer Armut. Auch hierin kann ich die Empfindung haben, alles dies der Gottheit anvertrauen zu dürfen. Denn: Kann sich nicht das Böse zum Guten wenden, und das Unvollkommene – kann es nicht der Anstoß werden zum Streben nach weiterer Entwicklung? Freilich habe ich auch darüber keine Macht – aber ich kann dem Göttlichen, das in allem Schicksal wirkt, den Tag mit seiner Schuld und Verfehlung vertrauend übergeben, damit im Weltengange Schuld und Verfehlung zum Anreiz des Guten werde; und wir sprechen: »Vergib uns unsere Schulden...« So hat der Christus selbst es gelehrt.

*

Wir sehen, das rechte Abendgebet hat seine besondere Stimmung, seine besondere Möglichkeit; es kann immer wieder zu einer Befreiung für die Seele werden, die sich mit den Tagesereignissen verbunden hat; seelische Belastungen werden überwunden, Verkrampfungen gelöst. Und damit wird das Abendgebet zur Vorbereitung für den Schlaf, der unsere Seele hinauftragen soll in die größere Nähe des Göttlichen und dazu der Aufschwungskraft bedarf, die in den Worten des Vaterunsers lebt und wirkt. Gerade das, womit wir nicht fertig geworden sind, was wir verschuldet haben, stellen wir dem großen, alles verwandelnden Gottes-Wirken anheim. Das Gefühl, an dem Geschehen nichts mehr ändern zu können, wird geradezu der Antrieb, uns in dieser Art betend dem Göttlichen zuzuwenden.

Es wird dem gegenüber nun oft eine berechtigte Frage vorgebracht: Nehmen wir unsere Verfehlungen nicht zu leicht, wenn wir sie am Abend – und sei es auch im Gebet – wegschieben, abwerfen wie einen Ballast, um den wir uns nicht weiter kümmern? Sollten wir uns nicht gerade unseren Schwierigkeiten stellen und sie zu bewältigen suchen? Und sollten wir nicht – soweit es irgend geht – die Folgen unserer Taten auszugleichen streben?

Gewiß: Wir sind für unser Sprechen, Denken, Tun verantwortlich und dürfen uns den Folgen unserer Handlungen nicht entziehen. Doch wir versuchten auf etwas anderes hinzuweisen: Am Abend schauen wir auf das zurück, was sich gerade in gar keiner Weise mehr verändern läßt, unser Handeln steht mit unveränderlicher Notwendigkeit da und kann nicht mehr verbessert werden; was geschehen ist, ist geschehen. Daß dies in seinem Sosein vergebend angenommen werden möge von der Gottheit und aufgenommen in den großen Zusammenhang des Weltenschicksals, darum bitten wir; denn die Gottheit vermag, was wir nicht vermögen: den vollen Ausgleich herbeizuführen und aus Bösem Gutes zu wirken.

Uns bleibt dann trotzdem, für die *Folgen* unserer Taten einzustehen, soweit *wir* sie ausgleichen können (oft handelt es sich um »nicht wiedergutzumachende« Wirkungen). Ein Beispiel möge verdeutlichen, was wir meinen: In der Erziehung werden oft tiefwirkende Fehler von den Eltern gemacht, die in die kindliche Entwicklung schädigend eingreifen – dabei braucht nicht einmal böse Absicht im Spiel zu sein; die Folgen können ein ganzes Leben nachwirken. Die Eltern werden mit diesen Folgen zu tun bekommen; sie werden – wenn sie vernünftig sind – mit Takt und Geduld für den Ausgleich zu sorgen versuchen; und doch ist etwas geschehen, was nicht mehr einzuholen und nicht aus der Welt zu schaffen ist, was sogar viel später erst als Krankheitsanlage oder als Charakterschwäche voll zutage treten mag. Hier ist es notwendig, die Gottheit, die *im Schicksal* den Ausgleich bewirken kann, um diesen Ausgleich zu bitten; das heißt, daß im Schicksal solche Tatsachen auftreten mögen, die Schwäche zur Kraft, Krankheit in »höhere Gesundheit« wandeln können. Rudolf Steiner hat einmal darauf hingewiesen, daß manche Fehler, die ein Lehrer in der Erziehung seiner Klasse macht – und welcher Lehrer macht keine Fehler? – von den Schicksalsmächten, die wir Engel nennen, des Nachts ausgeglichen werden, wenn der Lehrer in rechter Art geistig mit seinen Schülern verbunden ist. In diesem Hinweis liegt eine Wahrheit, die für alles Zusammenleben von Menschen bedeutend sein kann: zu rechnen nicht nur mit den Wirkungen, die im Alltagsbewußtsein von Mensch zu Mensch gehen, sondern auch mit jenen Schicksalstatsachen, die im »Nachtbereich« des Lebens, die in den *tieferen* Schichten des menschlichen Daseins liegen.

Dies ist es, was wir im Gebet üben: Es ist eine Art höherer Verantwortung für das, was wir tun – nicht nur mit *den* Folgen zu rechnen, die sowieso im Alltagsbereich von uns zu bewältigen sind, sondern zu rechnen auch mit den *Schicksalsfolgen* aus einem höheren Bereich und betend darum zu ringen, daß darin die göttliche Vergebung und Gnade wirksam werden kann.

*

Aber noch etwas anderes können wir zu dem bisher Dargestellten hinzufügen: Wir werden nämlich auch selbst am nächsten Morgen die Schwierigkeiten besser bewältigen, die sich aus unseren Handlungen ergeben mögen, wenn wir uns nicht dauernd an den vergangenen Fehlern innerlich aufreiben; Schuld und Versagen können uns so stark beschäftigen, daß sie uns gleichsam hypnotisieren und uns unfähig machen, unbefangen nach vorn zu schauen. Ein berühmtes Bild dafür bietet im Alten Testament die Frau des Lot, die zur Salzsäule erstarrt, weil sie sich nach dem umwendet, was hinter ihr liegt. Dieser Gefahr sind wir ausgesetzt, wenn wir nicht loskommen von dem, was war; wovon wir wünschen, daß es anders gewesen sein möge, und was doch nie anders sein wird, als es war. Dies, was war und nicht mehr zu ändern ist, der Vergebung der Gottheit und ihrem Sein anheimzugeben, macht uns erst wirklich *frei*, den Aufgaben gerecht zu werden, die der nächste Tag

31

uns stellt. Nicht um Abkehr von unseren selbstverständlichen Verpflichtungen also handelt es sich, sondern darum, die nötige innere Freiheit zu gewinnen für das, was wir zu tun haben.

Und noch einen letzten Gesichtspunkt wollen wir anfügen, der allerdings nicht ganz leicht zu fassen ist: Wird nicht vielleicht auch das, was als Folge meiner Taten am nächsten Tag auf mich zukommt, etwas anders für mich aussehen, wenn ich mein Tun am Abend in das Licht des göttlichen Wirkens gestellt habe? Wird mir vielleicht der Mensch, den ich verletzt, beleidigt habe, doch etwas versöhnlicher, offener entgegentreten können? Wer betet, macht wohl solche Erfahrungen. Damit ist wiederum nicht gemeint, der reale Ausgleich solle uns abgenommen werden, soweit er von uns geleistet werden kann. Und doch kommt viel darauf an, in welcher Stimmung, in welcher menschlichen Atmosphäre das geschieht, was von uns zu tun und von einem anderen entgegenzunehmen ist: ob wir rein formell und formal handeln, indem wir die Folgen unserer Handlungen tragen und ins Rechte bringen, oder ob dabei etwas von der Herzlichkeit mitschwingt, die dann entsteht, wenn wir von der Geborgenheit aller Dinge im Wesen des Göttlichen wissen.

*

Wenn wir also die richtige Gebetsstimmung am Abend bei den Worten »Dein Wille geschehe« und »Vergib uns unsere Schulden, wie wir vergeben unsern Schuldigern«

Johannes – Königsfelden / Schweiz

Maria das Kind verehrend
Philippo Lippi

entfalten, werden wir dreierlei damit verbinden dürfen: erstens daß wir das Vergangene »aufgehoben« wissen in den größeren Willen und die schicksalsausgleichende Macht der Gottheit; zweitens daß wir dadurch im Innern frei werden vom Druck der unbewältigten Vergangenheit, frei für ein rechtes Handeln am nächsten Tag; und endlich: daß dieser nächste Tag, auch wenn er mir die Folgen meiner Handlungen präsentiert, von mir mit dem Worte »Dein Wille geschehe« erlebt und aufgenommen werden kann.

Am Morgen

Für die meisten Menschen mag es heute schwieriger sein, am Morgen die richtige Gebetsstimmung zu finden als am Abend. Schon rein äußerlich leidet der Morgen oft unter der Hektik des Tagesbeginns. Man hat, wenn man im beruflichen Leben steht, kaum Zeit zur ruhigen Besinnung. Ein weiteres Problem ist es weithin, am Morgen richtig »zu sich zu kommen«. Man ist froh, wenn man überhaupt aus dem Bette findet, und ist noch gar nicht gestimmt für »höhere« Gedanken und Gefühle.

Wir wollen uns zunächst der Frage zuwenden: Worin besteht der besondere Charakter des Gebetes am Morgen? Dafür kommt zweierlei in Betracht:

Wir kehren am Morgen aus der geistigen in die irdische Welt zurück. Unsere Seele hat konkrete Erlebnisse in der geistigen Welt, unter geistigen Wesen hinter sich; sie ist dem göttlichen Wesen der Welt nahe gewesen, ist gestärkt, beschenkt, gereinigt worden von den höheren Mächten, die mit ihr verbunden sind. Wenn man das bedenkt, wird man den Willen entfalten, im Aufwachen sich noch einmal bewußt dieser Welt zuzuwenden, wird zu fühlen versuchen, wie die Kraft der geistigen Welt uns in die irdische begleiten will. Das Vaterunser wird jetzt zum Gefäß, das sich mit den kostbaren Kräften des Schlafes erfüllt und sie in das Tageserleben hereinzubringen vermag. Und wir sprechen dann: »Vater unser, der du bist in den Himmeln...«; wir werden uns des göttlichen Bereiches noch einmal bewußt und nehmen etwas von diesem Bewußtsein als Empfindung mit in den Tag. Diese Empfindung kann – täglich geübt – zu einer großen Kraft im Leben werden. Die Kraft, die uns aus dem Schlafe kommt: Sie ist das eine, wodurch sich der besondere Charakter des Morgengebetes bestimmt.

*

Das zweite ersteht aus dem Blick auf den kommenden Tag. Ihm gegenüber können wir nicht das Gefühl haben, daß schon alles geschehen ist. Wir müssen im Gegenteil erst das leisten, was zu leisten ist, und das erleben, was das Schicksal uns zugedacht hat. Unser Gebet wird jetzt durchdrungen von der Empfindung, daß das Göttliche mehr und mehr in unserem Alltag »an-wesen« und mitwirken kann und daß unser Schicksal dem göttlichen Walten selbst entstammt. Das Gebet am Morgen kann die Kraft stärken, mit der wir dieses Gefühl in den Tag hineintragen: Möge ich heute arbeiten mit der göttlichen Kraft, und möge ich immer fühlen: Mein Schicksal stammt aus Gott. Wenn wir so empfinden, sprechen wir recht die Worte, die der Christus uns lehrt: »Dein Name werde geheiligt«, und »Dein Wille geschehe«.
Gerade das Gebet am Morgen hat so eine bedeutende

Aufgabe: Es wirkt unmittelbar in unser tägliches Handeln hinein und bestimmt es mit. Vielleicht fällt es uns deshalb so schwer. Aber wer wirklich morgens keine Zeit hat, kann sich vornehmen, wenigstens *eine* Zeile aus dem Vaterunser mit Ernst und Kraft zu sprechen – schon dies wird nicht ohne Wirkung bleiben, wenn er es regelmäßig tut. »Zeit« braucht man dazu nicht.

Besser ist, beim Aufwachen aus dem Schlaf heraus unmittelbar in die Worte des Vaterunsers einzutauchen – als das erste, woran man im Erwachen das Bewußtsein anknüpft. Bevor man sich gleichsam mit dem Irdischen berührt hat, noch ganz aus der Gegenwart des Schlaferlebens heraus, das Vaterunser in das Bewußtsein aufnehmen, das erfordert einen hohen Grad von Geistesgegenwart. Vielen Menschen wird sich diese Möglichkeit erst nach längerem Üben, nach vielen gescheiterten Versuchen langsam erschließen. Aber darauf kommt es gerade immer wieder an, nicht nachzulassen in dem Bemühen, die richtige Lebensgestaltung immer besser zu finden. Dazu wird das Gebet am Morgen – auch wenn es die angedeutete abgekürzte Form haben muß – eine entscheidende Hilfe sein.

✳

Das Gebet bringt den Menschen in eine tiefere *Übereinstimmung* mit seinem *Schicksal*. Solange ich nämlich mit meinen Empfindungen an meine Taten und Verschuldungen seelisch zu sehr gebunden bin – wie wir es oben beschrieben haben –, sehe ich in meinem Schicksal nur, was Egoismus-fördernd oder -hindernd in ihm lebt; ich habe den Blick nicht frei für all' das, was aus einem höheren Bereich in mein Schicksal hereinwirken kann. Das Gebet am Abend vermag der Seele die Stimmung zu geben, die sie braucht, wenn sie sich vom Schicksalsegoismus (»wie gut habe *ich* das wieder gemacht!« oder »wie konnte ich nur...!«) lösen und erheben will zu der Welt, aus der das Schicksal stammt und die im Schicksal webt. Das Gebet verleiht der Seele die Gewißheit, daß die Leiden und Freuden, die guten Taten und die Verschuldungen des vergangenen Tages aufgenommen werden können in einen größeren Zusammenhang der Welt, in den väterlichen Grund alles Seins, und so ihren gerechten Fortgang finden, so daß ich nicht nur Egoismus-fördernde oder -hemmende, sondern Ich-befreiende, -erweckende, -stärkende Wirkungen erleben kann.

✻

Am Morgen leben wir in anderen Stimmungen als am Abend; da handelt es sich um *das* Schicksal, das der Tag erst noch bringt, das dunkel vor uns liegt und uns vielleicht beunruhigt, ängstigt. Im allgemeinen sind wir davon überzeugt, das Zukünftige nicht vorauswissen zu können. Das ist natürlich richtig, wenn wir unser normales Tagesbewußtsein befragen. Gehen wir jedoch in tiefere Erlebnisschichten, dann deutet vieles auf ein verborgenes Wissen unserer Seele hin, das sich auf Zukünftiges beziehen kann. Manche Stimmungen am

37

Morgen lassen uns bereits ahnen, wie der Tag verlaufen wird. Träume können die Zukunft exakt voraussagen. Es kann auch nicht bezweifelt werden, daß es ein hellsichtiges Vorauswissen kommender Ereignisse gibt. Wie kann das sein?

Im Schlaf sind wir schon mit unserer eigenen Zukunft verbunden; wir leben da mit den geistigen Wesen, die unser Schicksal bereiten, mit den Engeln, ja wir wirken gemeinsam mit ihnen an dem, was uns in der nächsten Zeit geschehen soll. Mit dem Aufwachen vergessen wir dies; aber etwas bleibt doch in der Seele zurück: eben ein untergründiges Wissen um das Zukünftige; wir können sogar sagen: eine tiefgründige Übereinstimmung mit dem Schicksal. Denn das Schicksal kommt uns nur scheinbar von außen – in Wahrheit ist es unsere Tat, aus höherer Weisheit heraus mitgestaltet im Schicksalsbereiche der Nacht.

Davon eine konkrete Empfindung in den Tag mit hineinzunehmen, wird sicher immer wichtiger werden. Und damit ist die Frage verbunden: Wie beginnt mein Tag? Denn wenn ich mich beim Übergang vom Schlafen in das Wachsein richtig verhalte, gelingt es mir vielleicht, auch jene Schicksalsempfindung deutlicher in mir aufleben zu lassen, die sich auf ein tieferes Wissen um die Zukunft gründet.

Wir haben angedeutet, wie wichtig der Versuch sein mag, beim Aufwachen nicht gleich in das gewöhnliche Bewußtsein hinüberzugleiten, sondern diesen Moment mit einem Inhalt zu erfüllen: eben mit einem Wort aus dem Vaterunser. Gleich der erste Satz hat dann den an die Nacht anknüpfenden Charakter: »Vater unser, *der du bist in den Himmeln*« – wir werden uns der Gegenwart des Göttlichen, die wir des Nachts voll *erlebt* haben, auch im Tageserleben anfänglich bewußt. So auch die folgenden Sätze: »Dein Name werde geheiligt« – ich werde mir bewußt, daß ich zur Heiligung des Gottesnamens *auf der Erde* beitragen will; und: »Dein Wille geschehe...« – ich versuche, den göttlichen Willen nun auch im irdischen Bewußtsein mit dem eigenen Willen in Einklang zu bringen.

Indem ich mich beim Aufwachen – und sei es auch nur für einen Moment – mit solchen Empfindungen durchdringe, knüpfe ich ja an die Empfindungen an, die ich nachts in der geistigen Welt gehabt habe, wo ich in der Übereinstimmung mit meinem Schicksal lebe. So wird es mir leichter fallen, auch im Alltagsbewußtsein aus der Gebetsstimmung heraus immer besser unnötige Sorge und Angst der Zukunft gegenüber zu überwinden. Ich werde, was »auf mich zukommt«, als »mir zukommend« empfinden können und das immer tiefere Vertrauen entwickeln, daß nichts geschieht, was nicht doch »im Grunde« beschlossen ist im »Grunde alles Seins«, mit dem ich selbst zutiefst verbunden bin und aus dem heraus ich mein Schicksal selbst mitgestalte. So läßt das wahre Gebet die Empfindung stärker werden, die in uns mit unserer Zukunft übereinstimmt; es bringt uns in echte Harmonie mit unserem Schicksal. Es stärkt die Kraft, das Schicksal anzunehmen und zu ertragen.

»Versäume kein Gebet, doch das der Morgenröte
versäume nie, weil keins den gleichen Segen
böte:
Der Engel von der Nacht, der Engel von dem
Tag
umschweben dies Gebet mit gleichem Flügel-
schlag.«

(Friedrich Rückert)

Beten ist mehr als Bitten

Es ist weithin üblich, das Gebet – wenn es überhaupt geübt wird – als *Bittgebet* aufzufassen: als *Bitte* an die Gottheit um Erhörung des einen oder anderen Anliegens. Ja, in seinem Bittcharakter wird sogar das *Wesen* des Gebetes gesehen: daß der Mensch sich mit seinen persönlichen Sorgen und mehr oder weniger großen Nöten der Gottheit bittend zuwenden darf. So kommt es auch zu der »freien« Form des Gebetes; der Betende formuliert in ganz persönlicher Weise seine Bitten und trägt sie so der Gottheit vor. Wer einmal diese Form des Gebetes geübt hat, wird die Unmittelbarkeit schätzen, die darin wirksam ist; sie kann in wichtigen Momenten, in Momenten der äußersten Not, der unmittelbaren Lebensbedrohung, als »Stoßgebet« eine bedeutende Kraft werden. Aber wer längere Zeit in dieser Art gebetet hat, kennt auch die Gefahr der Verflachung und des Egoismus, die uns hier begegnet; auch die Gefahr, in der Äußerung eigener Wünsche schon eine wesentliche religiöse Handlung zu sehen und sogar an der Erfüllung oder Nicht-Erfüllung dieser Wünsche den Grad der eignen Gottverbundenheit zu messen. Das Gebet verliert dann leicht seine monumentale, den Menschen über sich selbst hinausführende Kraft. Diese Kraft ist in einzigartiger Weise im Vaterunser wirksam. Deshalb wird, wer das Gebet in freier Weise handhaben will, doch auch immer wieder zum Vaterunser zurückkehren, um daran die Größe und Selbstlosigkeit zu üben, die für jedes Gebet notwendig sind.

Wenn sich die Formkraft des Vaterunsers unserer Seele mitgeteilt hat, können wir es viel eher wagen, im Hinblick auf eine besondere Lebenstatsache oder Schicksalsnot auch einmal freie Gebetsworte zu sprechen. Wir werden dann das Niveau des Vaterunsers nicht vergessen, und nicht so schnell in den Egoismus des einseitigen Bittgebetes verfallen. Vielleicht bemerken wir aber doch bald, daß letztlich alles Besondere unseres Lebens im Umfassenden des Vaterunsers enthalten und eingeschlossen sein kann und wir alle besonderen Gedanken, die wir für uns oder für andere Menschen haben, diesen Worten gleichsam »mitgeben« können. Dadurch erhält das Vaterunser die für diesen Tag oder diese Stunde wesentliche Wirksamkeit; es nimmt die individuelle Situation, in der wir uns befinden, in sich auf.

※

So ist also das Vaterunser ein Bittgebet? Natürlich kann man es als reines Bittgebet sprechen. Dann werden die sieben Sätze dieses Gebetes zu sieben Bitten – wie es der allgemeinen Auffassung wohl auch entspricht.

Daß diese Auffassung aber nicht als selbstverständlich hingenommen werden sollte, hat besonders Emil Bock immer wieder betont: Die Sätze des Vaterunsers sind als

Bitten nicht erschöpft und sollten auch nicht nur als solche empfunden werden.

Was ist das Vaterunser aber, wenn nicht ein Bittgebet? Was das Wesen dieses Gebetes ausmacht, ist nicht leicht zu fassen, denn in der Tat erscheint es ja in *der sprachlichen Form* als Bitte: Wir unterscheiden in unseren Sprachen nur Indikativ als Wirklichkeitsform und Konjunktiv als Möglichkeits- und Wunschform; eine sprachliche Form, in der zum Ausdruck gebracht werden könnte, daß *die Wirklichkeit des Ausgesprochenen im Aussprechen geschaffen* wird, gibt es im Deutschen, auch wohl in anderen modernen Sprachen nicht. Und so muß in der *Form* der Bitte und des Konjunktivs erscheinen, was seinem *Wesen* nach keine Bitte (auch kein Befehl, Imperativ) und kein eigentlicher Konjunktiv ist, sondern was *Manifestation* und *Realisation* im Worte selber sein will. Das heißt: Der im rechten Sinne Betende hat nicht das Gefühl, nur eine Bitte zu äußern, die dann erhört oder nicht erhört werden kann. Sondern er kann sich im schöpferischen Tun erleben: Indem er spricht, verwirklicht sich das, was ausgesprochen wird. »Dein Name werde geheiligt«, heißt nicht: Später einmal wird die Heiligung in Kraft treten, wird diese Bitte erhört werden, sondern: Indem ich diese Worte spreche, werden sie Wirklichkeit: Ich trage in diesem Augenblick meinen – wenn auch vielleicht nur kleinen, bescheidenen, aber *realen, geistig wirksamen* – Teil dazu bei, daß die Heiligung des göttlichen Namens wirklich geschieht. Sie geschieht in diesem Augenblick des Gebetes tatsächlich, wenn auch noch so anfänglich. Der *Grad* der Verwirklichung, der Realisation mag dabei denkbar unterschiedlich sein; im geistigen Bereich gibt es Stufen, Grade der Wirklichkeit, und es wird der Grad solcher Wirksamkeit umso stärker, je ernster, bewußter, reiner das Gebet in uns lebt; daß aber jedem ernsten Gebet eine solche Kraft der Realisation und Manifestation innewohnt, kann empfunden werden: Ich stehe mit dem Gebet in einer geistigen Wirklichkeit darin – das Wort, das gesprochen wird, geschieht, will sich manifestieren und kann dies in dem Grade tun, als ich meinen Willen dazu stark und groß machen kann. Wir müßten, um dafür einen grammatischen Ausdruck zu haben, von einem »modus creationis« sprechen, von einer sprachlichen Form, in der die Schöpferkraft des Wortes ihren Ausdruck findet.

✳

Bei genauerer Betrachtung der ersten »Bitten« wird man – einmal darauf aufmerksam – bald einsehen können, was hier gemeint ist. Denn was sollte es für den Namen, das Reich, den Willen Gottes bedeuten, um ihre Heiligung, Ankunft usw. zu bitten, wenn nicht dies: daß der Beter selbst durch sein Gebet einen Beitrag leisten will zur Verwirklichung des Erbetenen. Und das gilt auch für alle weiteren Sätze. Wir können lernen, daß solche Dinge geistig real, daß sie wirksam sind im Geistigen. Eine unendliche Kraft ist mit dem Vaterunser verbunden; denn es ist eine Kraft, die von Christus selbst kommt; sie ist auch heute noch in diesen Worten lebendig: lebendig »wie am ersten Tag«. Diese Kraft wirkt, manifestiert sich, wenn mit Ernst und aus der Verbundenheit mit Christus, »in seinem Namen«, gebetet wird.

Wer auf diesem Felde langsam Erfahrungen zu machen lernt, erwirbt sich auch ein Verständnis für alles kultische Sprechen. Auch darin waltet das Geheimnis, welches das *Wort* zur Tat, zum unmittelbaren *Ereignis* gestaltet; in Gebet und Kultus lebt die Kraft der Realisation und Manifestation des Wortes.

*

Im Evangelium, aber auch im Alten Testament finden sich mancherlei Hinweise auf die Schöpferkraft des Wortes; schon in der Genesis heißt es: »Gott *sprach*: Es werde Licht! Und es ward Licht.« In Psalm 33 und Psalm 147 kann gesagt werden: »Wenn Er *spricht,* so geschiehts.« Der Prolog des Johannes-Evangeliums sagt lapidar: »Alles ist durch das *Wort* entstanden, und ohne das Wort ist nichts von dem Entstandenen geworden.« Lukas 1 sagt der Engel zu Maria nicht, wie Luther übersetzt: »Bei Gott ist kein Ding unmöglich«, sondern »Kein *Wort* ist kraftlos, das ausgeht von Gott.« Und der Christus darf sagen: »Meine Worte werden nicht vergehen.« Das gilt vom göttlichen Wort. Im Gebet aber und im Kultus dürfen wir uns mit unserer Menschenkraft in dieses göttliche Sprechen anfänglich aufgenommen fühlen, daran tätigen Anteil gewinnen. Beten heißt so letztlich: Mitschaffen an dem, was die Gottheit für die Menschheitszukunft mit uns gemeinsam wirken will.

Unser alltägliches Brot

Bitte und Vollzug im zweiten Teil des Vaterunsers

Wir haben gesehen: Die sieben Anrufungen der Gottheit im Vaterunser sollte man nicht *nur* als sieben Bitten verstehen, die dem Vaterunser den Charakter des Bittgebetes verleihen; vielmehr lebt in diesen Sätzen durch sich selbst gleichzeitig die Kraft der Verwirklichung; im Sprechen des Vaterunsers »*rufe*« ich die Wirklichkeit des Gesprochenen »*hervor*« und stelle mich gleichzeitig in sie hinein.

Indem ich bete, *handle* ich – auf geistige Art. Darin liegt die Bedeutung des Gebetes – und insbesondere des Vaterunsers, dessen Worte uns von Christus gegeben sind –, daß ich damit in freier Art schaffend am *Wirken* der höheren Welt Anteil gewinne. Indem ich ernsthaft bete, wird durch das Gebet schon der göttliche Name geheiligt, kommt das göttliche Reich schon zu uns, geschieht der göttliche Wille auf Erden unmittelbar dadurch, daß ich die Gegenwart der Gottheit im Beten zu fühlen und mit mir zu verbinden suche.

Freilich weist dann jede »Bitte« auch über den Augenblick des Betens hinaus; denn nicht *nur* im Gebet selbst soll ja der Inhalt des Ausgesprochenen wirksam werden; auch ferner soll die Heiligung des Namens, die Herankunft des Reiches, die Bekräftigung des göttlichen Willens geschehen. Aber der Anfang, gleichsam die »Initialzündung« all dessen, geschieht *in* dem und *durch* das Gebet; und was so im Gebet Wirklichkeit geworden ist, geht dann mit dem Beter mit, begleitet ihn und wird im Schicksal wie von innen her wachsend zu einer helfenden, stärkenden, segnenden, weckenden Macht.

*

Es kann nun eingewendet werden, das hier Angedeutete sei zwar für die ersten Sätze (Name – Reich – Wille), nicht aber für den zweiten Teil des Vaterunsers einleuchtend und gültig (Brot – Schuld – Versuchung – Böses); diese Sätze hätten doch offensichtlich einen reinen Bittcharakter.

In der Tat will dies zunächst so scheinen. Man kann aber auch im zweiten Teil finden, was für den ersten Teil unmittelbar einleuchtet. Schon wenn wir daran denken, wie die Vergebung unserer Schuld verknüpft ist mit der Art, wie *wir* unseren Schuldigern vergeben, bemerken wir: Auch hier ist ein *Tun* gemeint im Gebet, eine innere Verwirklichung; denn nicht in irgendeiner Zukunft sollen wir unseren Schuldigern vergeben, sondern im Augenblick des Gebetes selbst; indem wir fühlen, wie ein Strom der Vergebung uns von der Gottheit zuströmt, gewinnen wir die Kraft, auch unsererseits Vergebung zu üben. Wir tauchen mit den Gebetsworten *unmittelbar* in die Gnade der Gottheit ein; *dann* können auch wir selbst denen verzeihen, die vielleicht bitterstes Unrecht an uns getan haben. Hier wird sogar

besonders deutlich, wie das Vaterunser zu einem Dar-
innenstehen im göttlichen Wirken führt.

Können wir nun von daher auch die »Bitte« um das tägliche Brot verstehen?
Wenn es sich hier um eine »Bitte« im eigentlichen Sinne
handelte, ließe sich kaum etwas Trivialeres denken. Der
Egoismus fände Eingang in das Gebet. Im Evangelium
heißt es aber ausdrücklich: »Euer himmlischer Vater
weiß, daß ihr all dessen bedürft.« Es ist freilich zu bedenken, daß gerade das zum Lebensunterhalt Gehörige
vom Menschen meist in harter Arbeit verdient, errungen werden muß; und wo dies nicht der Fall ist, muß
schließlich die Arbeit anderer Menschen das tägliche
Brot sichern; es fällt nicht vom Himmel. Wird es uns
denn überhaupt »gegeben«? Hat diese »Bitte» einen
Sinn?
Um hier zurechtzukommen, können wir etwa an folgendes denken: Es mag uns zur Erfahrung werden, daß
wir gar nicht vom *äußeren* Brote leben, sondern daß
alle Nahrung durchdrungen ist von göttlicher Lebens-
kraft, die das in Wahrheit Nährende ist. Zwar muß *ich*
für meinen Lebensunterhalt arbeiten, aber schließlich
stammt doch alles, womit ich mich nähren, aber auch,
womit ich mich kleiden, schmücken und schützen
kann, aus der Substanz der *Gottheit*; *sie* ist es im
Grunde, die mich in der äußeren Nahrung, Kleidung
nährt, kleidet, schmückt und schützt.

Denn alles Leben und Sein stammt »letzten Endes«, »im Grunde« aus dem Leben und Sein der Gottheit. Im Bilde erscheint diese Urtatsache des Irdischen dadurch, daß alles Leben auf der Erde von der Sonne her lebt – ohne sie wäre kein Leben. Mit dem Sonnenlicht aber strömen nicht nur äußere Lichtenergien auf die Erde; der unendliche Strom des Lichtes, der von der Sonne ausgeht, ist Bild für den Strom des Lebens und Seins aus Gott, der »das Leben der Welt trägt und ordnet«.

So betrachtet, erhält diese »Bitte« »Gib uns unser täglich Brot« einen bedeutenden Inhalt, den man folgendermaßen aussprechen kann: Es entsteht mit diesen Worten des Vaterunsers in mir das Erlebnis, wie in allem, was ich zu meinem irdischen Dasein benötige, nicht nur ein äußerliches Materielles, sondern die Hingabe, das Sich-Schenken des Göttlichen lebt. Das ist so auch, wenn ich es nicht weiß. Daß es mir täglich neu zum Bewußtsein komme, daß ich die schenkende Fülle der Gottheit im Gebet erfahre, dafür steht diese »Bitte« im Vaterunser. Und mit dem »Gib uns« spreche ich keinen Wunsch aus, keine Bitte um das tägliche Brot und auch keinen Befehl, sondern ich stelle mich mit diesen Worten bewußt hinein in das, was doch auch ohne eine besondere Bitte mir gnadevoll gegeben wird, was ich nun aber als mir gegeben *bewußt* mache.

In diesem Sinne ist »Brot« dann nicht nur das äußere Brot oder die Nahrung im engeren Sinne, denn es kann ja in jeder alltäglichen Erfahrung, in jedem Sinneseindruck, in jedem Gedanken etwas von der Gabe erfahren werden, die uns aus der höheren Welt dargereicht wird, die nicht nur den äußeren Menschen ernährt, die wie »Brot« ist für den ganzen Menschen.

Wovon lebt der Mensch? Der 23. Psalm sagt es mit den Worten: »Schenkende Güte, sie trägt mich all mein Leben«. Letzten Endes leben wir alle aus dem Sein und Leben Gottes, gerade auch im alltäglichen, im all-täglichen Dasein, in allem Lebensunterhalt, auch wenn er von mir hart erarbeitet sein muß, lebt die »schenkende Güte« der Gottheit bis in mein physisches Dasein hinein. Diese Tatsache kann durch das Vaterunser erlebte Wirklichkeit werden; sie *realisiert* sich geradezu für uns im Gebet und strahlt von da in alles tägliche Erleben aus.

So können wir sehen, daß auch im zweiten Teil des Vaterunsers – allerdings in anderer Art als im ersten Teil – das Hinstreben nach unmittelbarer Verwirklichung im Sprechen der Worte lebt.

*

Einem Einwand wollen wir nun noch begegnen, der etwa so formuliert werden könnte: »Es gibt Hungersnöte, Verbote von guten Arzneimitteln, vergiftete Eßwaren, vergiftete Luft u. a., da könnte doch eine Mutter für ihre Kinder sehr wohl um physische Dinge bitten oder jeder Mensch für die Erde. Für Eltern und Erzieher würde dazu gehören das Suchen und Bitten nach richtiger Erziehungsfähigkeit...«

Dieser Einwand ist gewiß bedenkenswert; gerade wo

echte Not ist, erhält ja diese Bitte eine unmittelbare Bedeutung.

Aber wir können dann sogleich auch wieder an das Wort aus der Bergpredigt denken: »Euer Vater in den Himmeln weiß, daß ihr des alles bedürft.« Gerade durch das Beten kann im Menschen das Vertrauen langsam erwachen, daß im Grunde alles das an uns herankommt, was uns *notwendig* ist; zu diesen Notwendigkeiten kann allerdings auch Hunger, Entbehrung, Schmerz gehören; und das Vaterunser kann uns gerade dazu führen, *auch darin* unser tägliches Brot zu erkennen. Also nicht nur, was uns bereichert und beglückt, ist »Brot« für uns – viel schwerer ist es ja, in den negativen Erlebnissen unseres Schicksals etwas zu sehen, was uns von der göttlichen Welt zukommt und *auch* zum »täglichen Brot« gehört.

Im Gebet erwächst uns langsam ein zweifaches Vertrauen: das allgemeine Vertrauen zu dem Wissen der Gottheit um unsere *wahren* Bedürfnisse (die wir vielleicht so gar nicht kennen und die nicht identisch sind mit unseren Wünschen und Sehnsüchten); und das konkrete Vertrauen dazu, daß auch in den Schwierigkeiten unseres Daseins unser tägliches Brot lebt und von uns angenommen sein will.

Das darf nun allerdings nicht heißen, wir sollten uns angesichts der Zerstörung und Vergiftung unserer Lebensverhältnisse nicht zur Wehr setzen oder etwa das Böse in ein Gutes uminterpretieren. Nein, es kann nur immer ein Ringen um den Fortgang des eigenen Lebens und der Welt geben. Aber solches Ringen, solcher Kampf für richtig erkannte Ziele wird allzu leicht von einem Kampf zu einem *Krampf* für die Seele, wenn nicht auch in allen Auseinandersetzungen das *Grundvertrauen* mitwirkt: Selbst in den Auseinandersetzungen, in die ich hineingestellt bin, lebt nicht nur die Attacke eines Widersachers, sondern lebt auch mein »täglich Brot«, das mir von der Gottheit zukommt und das ich im Vertrauen auf die Weisheit und auf die ausgleichende Liebe des Göttlichen annehmen darf. Manche Handlung, manches Wort wird dann wohl in den notwendigen Auseinandersetzungen einen anderen Klang, eine andere Färbung bekommen können. Vor allem aber wird die Seele bewahrt vor der *Verkrampfung des Fühlens und Wollens*, die uns auch im notwendigen Ringen um das Gute nur allzuleicht ergreifen will und unser Erleben nur vergiftet.

So bemerken wir, wie sich in den Worten »unser alltägliches Brot gib uns heute« etwas Umfassendes ausdrückt. Dies zu verstehen und sich im täglichen Gebet mehr und mehr zu eigen zu machen, stellt den Menschen in rechter Art in das Erleben der Welt und des Schicksals hinein und läßt die Kraft zur Lebensbewältigung in uns wachsen.

Der 23. Psalm

Der Herr ist mein Hirte,
Es wird mir nicht mangeln.
Auf frischem Grün läßt er mich ruhn,
Zum Lebensstrom führt er mich hin.
Meine Seele läßt er genesen.
Den Weg der Wahrhaftigkeit läßt er mich wandeln
in seines Wesens waltender Kraft.

Und ob ich schon ginge
Im Abgrund der finsteren Todesschatten,
Fürchte ich nimmer des Bösen Gefahr.
Denn Du bist bei mir,
Dein Stecken und Stab
Sind mir Stütze und Trost.
Im Angesicht meiner Feinde
Deckst Du den Tisch vor mich hin.
Mein Haupt salbst Du mit Öl.
Meinen Becher schenkest Du mir voll.
Ja, schenkende Güte, sie trägt mich all mein Leben.
Und im Hause des Herrn, der das Ich in mir
spricht,
Will auf immer ich ruhn.

Übersetzt von Hermann Beckh

»Führe uns nicht in Versuchung«

Mit diesem Satz hat wohl jeder seine Schwierigkeiten; kein Satz des Vaterunsers, über den mehr gefragt und gerätselt worden wäre!

Manchmal wird der Versuch gemacht, die Schwierigkeit zu umgehen, indem man den Wortlaut umdeutet, etwa: »... und führe uns *durch* die Versuchung.« Aber dafür bietet der griechische Urtext keine Grundlage.

Der Wortlaut des Vaterunsers steht im Matthäus- und im Lukas-Evangelium (Kapitel 6 bzw. 11). Der griechische Text ist an dieser Stelle eindeutig, ohne Varianten überliefert; alle Handschriften haben den gleichen Wortlaut. Für die Annahme, daß der heutige Text an dieser Stelle irgendwie verfälscht sei, ist also keinerlei Handhabe geboten. Wir müssen schon annehmen, daß Christus den Satz so gegeben hat, wie er im heutigen Wortlaut enthalten ist.

Eine zusätzliche Sicherheit gewinnen wir, wenn wir erfahren, daß Rudolf Steiner aus seiner tieferen Einsicht heraus das Vaterunser – und gerade auch den hier besprochenen Satz – so gesprochen hat, wie wir ihn kennen. So wird er denn auch im Kultus der Christengemeinschaft gebetet.

Aber etwas anderes zeigt sich, wenn wir näher auf die Bedeutung des griechischen Wortes »peirasmós« (letzte

Silbe betont) eingehen: Dies Wort heißt nicht nur »Versuchung«, sondern auch »Prüfung«; es wird damit schon etwas abgerückt von dem moralischen Beigeschmack, den »Versuchung« im Sinne von »Verführung« bei uns hat; »Prüfung« ist sachlicher, und vor allem: Sie ist in bestimmten Situationen richtig, ja notwendig. Auch das zugehörige Verb »peirázo« – im Evangelium bei der Versuchung Christi gebraucht – heißt nicht nur »versuchen«, sondern auch »probieren, erproben, prüfen« und sogar »untersuchen, ausforschen«.

Man kann also sagen, daß »Versuchung« im Sinne des Prüfens, Erforschens gemeint sein muß – jedenfalls klingt dieser Sinn im griechischen Wortlaut mit (auch im Hebräischen des Alten Testaments ist das so); in unserem Wort »Versuch« ist davon etwas enthalten.

Im Alten Testament gibt es viele klassische Beispiele der Versuchung und Prüfung des Menschen durch die Gottheit: Abraham soll seinen Sohn opfern (1. Mos. 22); Hiob wird seiner Habe und seiner Gesundheit beraubt (hier wird sogar auf einen Pakt Gottes mit Satan hingewiesen – Vorbild für Goethes »Faust«, der das Problem modern gefaßt hat) –: Abraham und Hiob gehen aus den Prüfungen gereift und gestärkt hervor.

Aber nicht nur der Mensch erfährt die Versuchung von Gott (Psalm 26,2; 35,16) – Gott seinerseits wird im Alten Bund von seinem Volke, von den Menschen »versucht«; kann man denn diesen Vorgang noch Versuchung nennen? Ist es nicht vielmehr eine »Herausforderung« Gottes durch den Menschen? (So: 4. Moses 14,22; Psalm 78,40f.; 106,14; Jesaja 7,12; Maleachi 3,15). Die göttlichen Kräfte werden »heraus-gefordert« durch das falsche Verhalten der Menschen; hier versagt der zu eng gefaßte Begriff der »Versuchung« schon von vornherein.

Damit aber hätten wir einen weiteren Ansatz, um das zu enge Wort »Versuchung« – vor allem zu eng im Sinne von »Verführung« – zu erweitern und zu beleben: Versuchung als Versuch – als Prüfung – als Herausforderung der Seelenkräfte zu empfinden, wird dem Sinn des Vaterunsers eher gerecht; von hier aus können wir uns nun wieder dem Wortlaut des Vaterunsers selbst zuwenden.

*

Friedrich Rittelmeyer faßt in seinem Buch »Das Vaterunser« die Fragen, die an dem Satz entstehen, so zusammen:
»Wie ist das denn: Gott führt mich doch nicht absichtlich in Versuchung, damit ich fallen soll? Dann wäre er ja kein vollkommen guter Gott! Gott *sucht* den Menschen, aber er *versucht* ihn nicht. – Soll aber gemeint sein, daß er mich erproben will, um mir meine Mängel zum Bewußtsein zu bringen und mich zu stärken, so ist das doch nur gut gemeint. Dann darf ich aber nicht dagegen beten. – Also entweder: Gott führt mich *nicht* in Versuchung; dann muß ich diese Bitte nicht beten. Oder aber: Gott führt mich in Versuchung; dann *darf* ich diese Bitte nicht beten.«

Und als Zusammenfassung der Antwort, die Rittelmeyer gibt, zitieren wir den Satz:

»Indem der Mensch so betet – macht er es Gott möglich, ihm die Versuchung zu *ersparen*.«

Hier ist mit knappen Worten ausgesprochen, worum es sich handelt. Denn es ist eben keineswegs so, daß die göttliche Welt ohne die Versuchung und ohne den Versucher auskommt, wenn es sich um die Fortentwicklung des Menschen handelt; im Gegenteil: Die versucherische Macht der Widersacher spielt eine unentbehrliche Rolle im Weltenplan seit dem Sündenfall. Selbst der Christus Jesus »wurde vom *Geiste* (!) in die Wüste geführt, damit er von dem Widersacher versucht würde.« Aber *wozu* die Versuchung beim Menschen, *wozu* bei dem Christus Jesus? –

Weiß die Gottheit von vornherein, wie der Mensch sich in der Versuchung verhalten wird? Ein geistgemäßes religiöses Leben wird in Zukunft doch größer vom Menschen denken müssen, auch größer von seinem Verhältnis zur Gottheit, als das bisher üblich war. Der Gedanke von der Allwissenheit Gottes erweist sich hier als nicht entsprechend. Denn wenn ein Vorherwissen Gottes vorläge auch in bezug auf das menschliche Verhalten, dann wäre der Mensch berechenbar, er wäre ein moralischer Automat, dessen Reaktionen vorher kalkulierbar wären, und Freiheit hat da keinen Platz. Wir müssen den größeren Gedanken denken: Die Gottheit läßt den Menschen so weit frei, daß sie nicht vorher weiß, wie die innerste Entscheidung ausfallen wird.

(Das ist menschlich-naiv formuliert, aber man kann damit doch aussprechen, was im göttlichen Wesen und Bewußtsein als umfassende Tatsache wirkt: daß die Gottheit ständig »Raum gibt« für die Menschenfreiheit.)

Von daher kann verständlich werden, warum die Gottheit die Widersacher als dauernde Versucher an den Menschen heranläßt: Der Mensch muß immer wieder in die Entscheidung hineingedrängt werden, damit seine moralische Kraft herausgefordert wird und nicht brach liegt, sondern sich entwickelt – durch viele Krisen hindurch; und damit der Mensch erleben kann: Wo stehe ich? Wieweit ist die Autorität meines Innern gereift gegenüber dem, was mich abirren läßt? Wenn ich der Versuchung verfalle, muß eine nächste Versuchung, eine nächste Herausforderung im Sinne einer Prüfung folgen, bis ich stark genug bin, standzuhalten.

Sollte auch für den Christus Jesus der Ausgang der Versuchung ungewiß gewesen sein? Wir müssen bedenken, daß der Christus, der mit der Jordantaufe in den Menschen Jesus einzieht, vorher nie in einem Menschenleibe gelebt hatte; was ein *Mensch* fühlt, erlebt, leidet, war ihm vorher nicht aus eigenster Erfahrung bekannt; die Versuchung wird deshalb ganz sachgerecht von den Evangelien berichtet: Es mußte *versucht* werden, ob der Christus in dieser Situation standhalten kann. Es war ein weltgeschichtlicher »Versuch«. Aber dieser *Versuch* wurde für ihn nicht zur *Versuchung*. Er wurde zur Herausforderung und Erweckung der Kräfte, die zunächst noch unbewußt und unerweckt in dem beginnenden Menschentum Christi verborgen lagen!

*

Übrigens gibt es noch weitere Stellen im Evangelium, wo die Widersacher an den Christus herangelassen werden, um ihn zu »versuchen«: z. B. bei dem Petrusbekenntnis – im Markusevangelium Kapitel 8 –, wo durch den Mund des Petrus plötzlich der Versucher spricht und von Christus mit dem »Weiche von mir, Satan« zurückgewiesen wird.

Die Versuchung hat demnach einen zweifachen Sinn: Sie fordert die Kraft der Entscheidung im Menschen heraus und muß also auftreten, wenn der Mensch träge wird in seinem Verhältnis zum Geiste; und sie wird andererseits zur »Heimsuchung« des Menschen durch die Gottheit; die Gottheit *sucht* in der Versuchung den Menschen, der sich für sie entscheiden möge aus der Freiheit seines Innern heraus. Sie muß also auftreten, wenn der Mensch dem Göttlichen in sich nicht von sich aus Raum gewährt. Daß hier mit Versuchung nicht etwa nur eine moralische Anfechtung im engeren Sinne gemeint ist, braucht wohl kaum besonders betont zu werden: Alles, was mit dem Irdischen zusammenhängt, kann uns zur Versuchung werden, wenn wir es abgesondert von der Existenz des Göttlichen erleben und es uns hindert, das Göttliche stark genug zu empfinden.

Friedrich Rittelmeyer schreibt: »Indem der Mensch so betet (– im Vaterunser –), macht er es Gott möglich, ihm die Versuchung zu ersparen.« Was wir schon mehrfach betont haben, gilt also auch hier: Durch das Gebet geschieht etwas unmittelbar; der Beter *verwirklicht* in sich die Gegenwart Gottes, er ringt um das Gefühl der Verbindung mit der Gottheit und *realisiert* diese Verbindung durch das Gebet; und diese Verbindung kann so stark sein, daß eine Versuchung nicht mehr nötig ist, daß sie uns »erspart« bleibt; denn sie hat ja nur einen Sinn, *wenn* wir und *soweit* wir aus unserem Zusammenhang mit dem Göttlichen herausfallen. Worum wir also beten ist: »Lasse so stark sein die Verbindung mit Dir, daß eine Versuchung nicht *nötig* ist, weder als Aufrüttelung aus unserer Trägheit, noch als Heimsuchung durch Dich!«

Wieviel Versuchung mag uns auf diese Weise erspart bleiben? Wir ahnen es kaum. Daß immer noch genug Versuchung übrigbleibt, ist kein Einwand. Denn immer noch nicht genügend stark ist ja unsere Verbindung zu dem Göttlichen. Daß sie immer stärker und lebendiger werde bis in alle Einzelheiten des Lebens hinein, darum ringen wir immer neu mit diesen Worten des Vaterunsers.

Demgegenüber mag sich nun noch die Frage erheben: Kann Gott als Geber des Guten überhaupt in Versuchung führen?

Ein einfaches Beispiel möge als Orientierung dienen: Eltern schenken ihrem Kinde ein schönes Kleid; sie wollen es damit kleiden und ihm gleichzeitig eine Freude machen; das Kind nimmt das Geschenk dankbar entgegen und trägt das Kleid – beginnt aber, damit gegenüber anderen Kindern aufzutreten, sich aufzuspielen und seine Eitelkeit daran zu erleben; das Geschenk wird zu einer – wenn auch zunächst harmlosen – Versuchung.

Dieses einfache Beispiel kann deutlich machen, daß in einer Gabe, auch einer Gabe der Gottheit, für den Menschen eine Versuchung liegen kann. Denken wir an die Seelenkräfte des Menschen – sie alle stammen ja von Gott. Daß wir Selbstbewußtsein, Selbstgefühl, Ichwahrnehmung haben, ist uns letzten Endes von Gott zugedacht – es macht ja unser Menschsein aus; aber daß diese Erfahrungen zur Versuchung werden können, ist auch klar; sie können zur Überheblichkeit, zum Selbstgenuß, zur Ich-Bezogenheit entarten, und das höchste Geschenk, unser »Seelenkleid«, kann so auch zum Verhängnis werden. Sollte deshalb die Gottheit ihr Geschenk – die ganze Fülle der Seelenkräfte – dem Menschen vorenthalten? Gewiß nicht, obwohl sie uns dadurch gleichzeitig in Versuchung führt! Fühlen sollen wir deshalb die Verbindung mit der Gottheit, damit die uns geschenkten Seelenkräfte gerade nicht eine Versuchung für uns werden. Wir könnten also sagen: »Beschenke uns mit der Fülle der seelischen Möglichkeiten, aber führe uns dadurch nicht in Versuchung, sondern lasse stark sein die Verbindung mit dir, damit wir nicht durch das von dir Gegebene versucht werden.« Der hier angeführte Gesichtspunkt ergänzt von einer anderen Seite, was wir oben ausgesprochen haben. – Sehr treffend sind einmal die letzten Worte des Vaterunsers so gewendet worden: »... und führe uns nicht in Versuchung *durch die Freiheit des Ich*, sondern erlöse uns von dem Bösen *durch die Liebe des Ich*.« Hier wird die Gabe Gottes als »Freiheit des Ich« gekennzeichnet, die zur Versuchung werden kann. Solche Erweiterungen sind oftmals eine Hilfe, in das Leben des Wortlautes hineinzukommen. Man wird nach einiger Zeit von selbst die Neigung haben, zu dem ursprünglichen, von Christus gegebenen schlichteren Text zurückzukehren, indem man dabei die Frucht mit einbringt, die sich durch die Verlebendigung des Wortlautes ergeben hat.

Die Schuld und das Böse

Durch die *ersten* Sätze des Vaterunsers wird diejenige Kraft im Menschen angeregt, welche es möglich macht, zum *zweiten* Teil des Vaterunsers – zu Schuld, Versuchung und zum Bösen – betend fortzuschreiten. Indem wir uns zu dem göttlichen Namen erheben, das göttliche Reich erbitten und uns mit dem göttlichen Willen einen, gewinnen wir die Möglichkeit, uns den Schwierigkeiten des eigenen Erdendaseins zuzuwenden. Ohne diese Erkraftung sind wir immer in Gefahr, uns von den eigenen Problemen überwältigen zu lassen. So liegt in der Abfolge des Vaterunsers etwas Gesundendes für die Seele. Wenn es ihr gelingt, sich zunächst wirklich von sich loszulösen und ein höheres, grösseres Ziel: den Namen, das Reich, den Willen der Gottheit in sich leben zu lassen, dann bekommt das eigene Schicksal eine andere Dimension: Es wird kleiner »sub specie aeternitatis« – »im Angesicht des Ewigen« –; aber es erhält auch Hoffnung, Zuversicht, Geborgenheit in dem grossen Zusammenhang der Welt.

Diese Erfahrung am Vaterunser kann für unsere alltäglichen Schwierigkeiten fruchtbar werden. Diese Schwierigkeiten – besonders wenn es sich um seelische Schwächen, um Versagen usw. handelt – beeindrucken uns oft mehr als es gut ist; sie haben etwas Faszinierendes für uns; je mehr wir aber auf sie hinschauen, desto weniger werden wir sie bewältigen; ja, sie erscheinen uns dann in einer riesigen Dimension; alles andere verschwindet davor. Hier hilft uns nur, den Blick, der wie gebannt auf diese Schwierigkeiten gerichtet ist, *zunächst* ganz wegzuwenden, dem zu, was nun sicher grösser ist als wir selbst: der Welt zu. Die Grösse der Welt – der natürlichen und der göttlichen Welt, an der wir Anteil haben, – vermag uns von unserer eigenen Kleinheit zu heilen. Aber die Wegwendung des Blickes von uns selbst wird gerade in den ernsten Anfechtungen nicht gleich gelingen; wir lernen diese Wegwendung erst langsam, allmählich, wenn wir die Abkehr von uns selbst ernst und stetig geübt haben im täglichen Beten des Vaterunsers, in dem »Dein Name... Dein Reich... Dein Wille...«.

＊

Unter solchen Voraussetzungen wenden wir uns nochmals dem zweiten Teil des Vaterunsers zu. Mit der Schuld, der Versuchung und dem Bösen steht eine dreifache Form der menschlichen Verfehlung vor uns. Rudolf Steiner hat angedeutet, in welcher Art die Verschiedenartigkeit erlebt werden kann; wir folgen hier seinen Hinweisen.

Im Zusammenleben mit der Welt und den anderen Menschen *können* wir gar nicht anders, als *schuldig* werden. Wir bleiben etwas schuldig (indem wir vieles nicht tun, was wir tun könnten, um zu helfen, zu stärken, Bewußtsein zu erwecken usw.), und wir verschulden uns, auch wenn wir gar nicht etwas Unrechtes, Böses tun (weil wir in jedem Augenblick von der Arbeit, ja sogar von dem Dasein anderer Menschen und von der Substanz der Natur leben); das kann nicht anders sein – wir wären denn unirdische Wesen. Und auch die anderen Menschen werden an uns schuldig (höchstens das Ausmaß, nicht die Tatsache des Schuldig-Werdens ist veränderlich).

Unser Erdendasein bringt Schuld mit sich. Weil das so ist und nicht anders sein kann, darf aber auch in der Bitte um Vergebung der Schuld der Ausgleich erfleht werden; Schuld kann vor allem *vergeben* werden: Wiedergutmachung ist – wenn überhaupt – oft, und gerade in wesentlichen Fällen, nur teilweise möglich; deshalb heißt der Wortlaut des Vaterunsers nicht: »lasse uns nicht schuldig werden« – denn das wäre gleichbedeutend mit der Bitte, uns dem Erdendasein zu entfernen –, sondern: »vergib uns, wie wir vergeben...«. Und im Evangelium steht das Christuswort: »Nicht siebenmal, sieben mal siebzigmal sollt ihr vergeben.«

Mit der Versuchung steht es anders. Hier geht es darum, daß »es Gott möglich sei, uns *die Versuchung zu ersparen*« (Rittelmeyer); hier geht es um innere *Kämpfe* und *Entscheidungen* (Rudolf Steiner weist auf die Region des »Astralischen« hin, d.h. der *seelischen* Kräfte; während die Schuld im Bereich des »Ätherischen«, der lebendigen Verhältnisse, der naturgebundenen, nicht seelischen Wechselwirkungen zwischen Mensch und

Welt, Mensch und Mensch im Gebiet des Zusammenlebens entsteht). Hier hat der Mensch auch die Möglichkeit, sich selbst so in die Hand zu nehmen, daß er nicht versucht zu werden braucht. Deshalb taucht hier zum ersten und einzigen Male im Wortlaut des Vaterunsers das Wörtchen »nicht« auf: »führe uns nicht…« – dieses »nicht« ist wie die Bildung einer »Hohlform«, die aber nur so weit gerechtfertigt erscheint, als wir selbst sie mit unserer seelischen Aktivität auszufüllen suchen: Die göttliche Welt braucht nicht einzugreifen – »nicht …führen« –, weil wir selbst das durch die Versuchung Angestrebte (die Erkraftung der Seele) schon vollzogen haben.

❊

Und das *Böse?* Mit diesem letzten Worte des Vaterunsers stehen wir vor dem Ich-Geheimnis des Menschen. Denn daß der Mensch sich mit seinem Ich herausgelöst hat und herauslösen mußte aus dem Wesen der Gottheit: Das ist die Veranlassung zu allem, was im Menschen als Böses wirkt. Die Trennung von Gott, der zugleich das Urgute ist, führt den Menschen in den Bereich des Bösen und in die Gefahr, diesem zu verfallen.

Hier kann man nicht wie bei der »Schuld« davon sprechen, daß einfach Vergebung walten solle. Denn böse sind eben die Kräfte in der Welt, die bewußt das Zerstörerische, das Destruktive wollen. Mit diesen Kräften ist der Mensch *auch* verbunden, unbewußt und heute mehr und mehr bewußt. Hier sind wir im Zentrum des Menschenschicksals angelangt: bei der Frage um Sein oder Nichtsein des Menschen. Hier muß die konsequente Rückwendung unseres Daseins zur Gottheit erfolgen und die bewußte Abwendung von allem, was auf böse Art in der Welt wirkt. Diese bewußte Abwendung von dem Bösen, dieses willentliche, ich-hafte Bekenntnis zu Gott ist es, was in diesem letzten Satze des Vaterunsers liegt. Darin wirkt zugleich das Bewußtsein, wie stark der Mensch dem Bösen schon verbunden ist; wie wenig er von sich aus tun könnte, um sich davon zu lösen; wie sehr er der göttlichen Gnade bedarf, um davon frei zu kommen. Realistischer kann man die Situation der Menschheit nicht einschätzen.

Diese letzte Bitte ist der erschütternde Abschluß des Vaterunsers – eine Steigerung, vielleicht das Tiefste und Letzte, was wir als von Gott getrennte Wesen aussprechen dürfen: daß wir in dieser Trennung nicht endgültig verharren müssen, sondern die erlösende Macht der Christustat in uns leben möge, die von uns nimmt »des Menschen Widersachers Macht«. Der Kampf der Welt und der Weltenmächte geht um das Menschen-Ich; etwas von diesem Kampfe spürt man, wenn man den Ernst dieses letzten Satzes erfaßt; hier handelt es sich nicht nur um »Vergeben«, nicht um ein Ringen der Menschenseele und ihre Erkraftung, hier wird die ganze *Aktivität* der Gottheit selbst angerufen, mit einem Ruf, einem Schrei der Seele: »Erlöse uns...!« Die Erlösungs*tat* Christi möge der Vater unserem Schicksal verbinden; durch das Gebet öffnen wir unser Ich, damit der Christus in ihm wirke; und indem wir ernst sprechen, *beginnt* sich durch den Vater zu verwirklichen, was wir aussprechen. Denn die Worte des Vaterunsers haben in sich die Kraft der Realisation, der Verwirklichung.

*

Mit dem Worte »Vater« beginnt das Gebet; es schließt mit dem Worte vom »Bösen«. Aber dem Bösen darf der Mensch nicht ins Auge schauen, wenn er sich nicht die Kraft dazu in der Zuwendung zur Gottheit gestärkt hat.

Dann aber soll und muß er es tun. Unsere Zeit wird es immer mehr von jedem Menschen fordern. Die Spannkraft, die dazu gehört, lebt auf im Fortgang vom ersten zum letzten Worte des Vaterunsers, vom »Vater« zum »Bösen«.

In der Schuld dürfen wir auf Vergebung hoffen, dürfen selbst vergeben; in der Gefahr der Versuchung müssen wir ringen um Erkraftung der Seele; dem Bösen *sind* wir verfallen, wenn nicht die Erlösungstat Christi in uns auflebt und uns löst, erlöst. Erlösung von dem Bösen heißt aber dann endlich auch: Erlösung *des* Bösen. Denn eine Aufgabe hat das Böse nur so lange in der Welt, als der Mensch nicht von ihm erlöst, gelöst ist, – dann darf auch das Böse sich wieder verwandeln.

In diese Zukunftshoffnung können dann die Worte der »Doxologie« – der »Verherrlichung« Gottes – hineinklingen (sie stammen nicht von Christus selbst, gehören also nicht im *engeren* Sinne zum Vaterunser, sind aber mit innerer Berechtigung von der frühen Kirche als Antwort der Gemeinde dem Vaterunser angefügt worden): »Denn Dein ist das Reich und die Kraft und die Herrlichkeit in Ewigkeit. Amen.«

Bitten, Loben und Danken

Die Sätze des Vaterunsers sind, wie wir ausgeführt haben, keine Bitten im Sinne eines Bittgebetes; in ihnen strömt Leben; Leben, das dem Wesen des Menschen näher ist, tiefer verwandt als alles äußere Leben, das uns umgibt; Leben aus dem Leben des Christus. Darauf beruht die tiefe Wirkung des Vaterunsers für jeden, der es ernsthaft in sein tägliches Leben aufnimmt und das, was zunächst in dem *äußeren* Wortlaut wie erstarrt erscheint, in *innere* Tätigkeit der Seele umwandelt.

Das Bittgebet, wie es als freies Gebet im Christentum immer geübt worden ist, hat demgegenüber aber doch auch seine Berechtigung; es macht unser Verhältnis zur göttlichen Welt zu einem unmittelbaren und persönlichen. Aber es kann gerade deshalb auch sehr stark entarten und zum Ausdruck des reinen Egoismus werden. Wir haben dargestellt, wie diese Gefahr – die allem religiösen und geistigen Streben anhaftet – im Sprechen des Vaterunsers überwunden werden kann. Deshalb sollte sich, wer das Bittgebet übt und sich im freien Gebet an die göttliche Welt wendet, immer wieder am Vaterunser ausrichten, um daran die rechte Haltung und Gesinnung für alles Beten zu lernen; vielleicht wird dann sogar erlebbar, daß *alles* Bitten in einem höheren Sinne im Wortlaut des Vaterunsers »aufgehoben« sein kann.

Hier sollen nun aber noch zwei andere Arten des Gebetes – das Gebet als Lob und als Dank an die göttliche Welt – kurz besprochen werden.

✳

Wer bittet, sollte auch danken. Einem Menschen gegenüber, der etwas für uns tut, regt sich von selbst das Gefühl der Dankbarkeit in uns. In diesem Gefühl kommt zum Ausdruck, daß wir, was der andere für uns getan hat, *wahr*nehmen und in der rechten Gesinnung *auf*nehmen. In der Dankbarkeit strahlt etwas von uns zu dem anderen zurück; er empfängt eine Gegengabe für sein Tun, indem ihm die Dankbarkeit aus unserem Herzen zuströmt. Oft können wir gar nichts anderes zurückgeben als nur eben Dankbarkeit für die Hilfe, die ein anderer uns angedeihen läßt; oft liegt aber auch gerade in echter Dankbarkeit der wahre Ausgleich für etwas, was wir aus Liebe empfangen, – so bei allem, was Kinder den Eltern »ver-danken«, was ein Kranker an liebevoller Pflege von anderen Menschen empfängt, alle herzliche Zuwendung, die mit Geld nicht abgegolten werden kann. Rudolf Steiner hat darauf hingewiesen, daß eine Meditation nicht beschlossen werden sollte, ohne das Gefühl der Dankbarkeit gegenüber der geistigen Welt im Herzen aufzurufen. In solcher Dankbarkeit geben wir etwas aus unserem Herzen zurück für das, was wir empfangen haben. Wenn ein *Mensch* etwas für uns tut, fällt es uns leicht, dies wahrzunehmen, und Dankbarkeit kann sich wie selbstverständlich in uns regen (daß dies heute längst nicht überall eintritt, gehört schon zu den Krankheitssymptomen der Zeit); wenn von der göttlichen Welt uns etwas zuströmt, bemerken wir dies nicht ohne weiteres, *und doch vergeht gewiß kein Tag im Leben irgendeines Menschen, an dem er nicht wahrhaft Grund hätte, dankbar zu sein.* Zu solcher Dankbarkeit gegenüber der *Gottheit* müssen wir uns bewußt erziehen – und solche Erziehung schärft wiederum unser Wahrnehmen für all das, wofür wir tagtäglich zu danken haben; es wird uns daran bewußt, wieviel wir den ganzen Tag als selbstverständlich hinnehmen, ohne auch nur ein wenig mit dem Gefühl der Dankbarkeit für das Empfangene zurückzugeben.

Können wir noch einen Schritt weitergehen und denken, daß es auch dem göttlichen Wesen nicht gleichgültig sein mag, *ob* wir uns in solcher Art verhalten oder nicht? So wie es vielleicht Eltern nicht gleichgültig ist, ob die Kinder Dankbarkeit entwickeln, weil darin der echte seelische Ausgleich liegt für das, was sie – manchmal unter Opfern – für die Kinder tun.

Wenn es wahr ist, daß unser Sein und Leben auf dem Opfer des Göttlichen beruht, dann liegt der Gedanke nicht fern, daß auch die Gottheit Verlangen danach trägt, wir Menschen möchten dies wahrnehmen und in rechter Gesinnung aufnehmen – dann aber strömt auch von selbst als Antwort die Dankbarkeit aus unserem Herzen der Gottheit zu, eine erste Gegengabe für alles, was wir empfangen haben, eine erste »Genug-tuung« für die Gottheit und ihr Opfer.

So kann unser Gebet beflügelt und durchwärmt werden von den Dankgefühlen, die sich immer neu in uns entzünden mögen angesichts dessen, was unser Leben täglich trägt, bereichert, erhält. Dadurch bekommt unser Gebet die Frische und Kraft, die es braucht, um aus der Gewohnheit immer neu herausgehoben zu werden.

>>Der Sonne Licht durchflutet
Des Raumes Weiten,
Der Vögel Singen durchhallet
Der Luft Gefilde,
Der Pflanzen Segen entkeimet
Dem Erdenwesen,
Und Menschenseelen erheben
In Dankgefühlen
Sich zu den Geistern der Welt.<<
(Rudolf Steiner)

✻

Es gibt Menschen, die einem schweren Schicksal, einer schweren Krankheit etwa, unterliegen, und sich doch die Kraft der Dankbarkeit bewahrt haben. Sie sind aufmerksam darauf geworden, daß auch in den schwierigsten Prüfungen des Lebens die Sonne nicht aufhört zu leuchten, und daß kein Tag im Schicksal eines Menschen vergeht, an dem nicht wenigstens *ein* Lichtstrahl in der Dunkelheit für uns aufglänzt, – wenn wir es nur bemerken. Menschen, die in allem Leid den Blick für die unscheinbaren Lichtpunkte nicht verlieren und dafür dankbar zu sein vermögen, haben oft selbst etwas Lichtvolles für ihre Mitmenschen; etwas Trostbringendes strahlt von ihnen auf ihre Umwelt aus. Noch einen Schritt weiter aber dringen wir, wenn wir nicht nur für das Lichtvolle in unserem Leben, sondern auch für das Schwere und Schmerzbringende danken können. Hier erreicht das Gebet, wenn es innerlich wahr bleibt, die innerste Tiefe der Gottverbundenheit. Wer sogar für das Leid, das ihm auferlegt ist, wirklich zu *danken* vermag, der durchdringt sich mit dem gottgewollten Sinn seines Lebens und wird langsam zum Überwinder seines Erdenschicksals. Solche letzte Tiefe der Schicksalsüberwindung wird sich meist erst nach langem Ringen der Seele voll mitteilen. Aber einen ersten Anfang davon wird jeder ernsthaft Betende bald in sich erfahren können. Etwas von solcher Dankbarkeit dem Schicksalsleid gegenüber lebt in den Worten Christian Morgensterns, der selbst durch lange Krankheit hindurchgehen mußte:

> »Du Weisheit meines höhern Ich,
> das über mir den Fittich spreitet
> und mich von Anfang her geleitet,
> wie es am besten war für mich, –
> Wenn Unmut oft mich anfocht: nun –
> Es war der Unmut eines Knaben!
> Des Mannes reife Blicke haben,
> *die Kraft, voll Dank auf Dir zu ruhn.*«

*

Die Schriften, besonders die Psalmen, des Alten Testamentes sind durchzogen vom *Lobe* Gottes; auch im Neuen Testament klingt immer wieder das Lob der Gottheit auf. Der Lobpreis Gottes gehört von jeher zu den wesentlichen religiösen Empfindungen. Erst der neueren Zeit ist solches Empfinden fremd geworden; wir können uns nicht mehr so weit zur Anschauung und inneren Erfahrung des Göttlichen erheben, daß daraus selbstverständlich der Lobpreis des Göttlichen hervorginge. Und doch erklingt auch heute in den Gebeten des erneuerten Gottesdienstes der Christengemeinschaft, in der Menschenweihehandlung, zu Ostern und Pfingsten das Wort vom Lobpreis der Gottheit: Indem die Seele zu Ostern des auferstandenen Christus »inne« wird, entzündet sich in ihr nicht nur der Dank, sondern auch das Lob.

Danken können wir für das, was wir empfangen – für die *Taten* eines anderen; Lobpreis aber gilt dem *Wesen* selbst, das wir erleben, das durch sein Sein und Dasein unsere Seele erhebt. Danken kann noch eine persönliche, ja egoistische Färbung haben: Es gilt dem persönlich Empfangenen.

Loben ist demgegenüber nicht mehr auf mich selbst bezogen; es entsteht aus der Erkenntnis und Erfahrung des Wesens, das sich in Kraft und Größe, in Schönheit, Liebe und Weisheit offenbart. Wesenserfahrung des Göttlichen führt uns zum Lobpreis.

In alten Zeiten war solche Wesenserfahrung noch lebendig da. Sie ist hingeschwunden, nur leise Ahnungen davon berühren uns heute noch. Am ehesten mögen uns solche Ahnungen im Erleben der Natur erreichen: in der Ehrfurcht vor ihrer Gewalt und Größe, im Staunen vor ihrem Reichtum, ihrer Schönheit, ihren Rätseln, im Erleben des göttlichen Seinsgrundes außer uns. Da ist ein Erfahrungsbereich für uns, der zum Quellgrund des Lobpreises werden kann, zur Quelle der Erfrischung und Erneuerung aus Erstarrung und persönlicher Enge. Die Natur als Offenbarung des Göttlichen erleben (daß wir dies nicht nur dem Gefühl nach, sondern mit der Sicherheit klaren Erkennens tun können, verdanken wir der Geisteswissenschaft Rudolf Steiners), kann uns ahnen lassen, was es heißen wird, in Zukunft das Göttliche wieder selbst, unverhüllt, unmittelbar erfahren zu dürfen. Der Auferstandene wird sich dem Menschen erneut zeigen können; dann wird auch das Lob Gottes wieder neu unter uns lebendig werden aus unmittelbarer Wesenserfahrung des Göttlichen heraus, so wie es in alten Zeiten lebendig war.

Dann wird der alte Dreiklang des Gebetes: Bitten, Loben und Danken wieder voll erklingen.

Wie ein Anfang zukünftigen Lobpreises ist es aber, wenn wir dem Vaterunser am Schluß die »Doxologie« anfügen: »Denn Dein ist das Reich und die Kraft und die Herrlichkeit in Ewigkeit. Amen.«

Der 103. Psalm

Lobe den Herrn, meine Seele,
und alles, was in mir ist, seinen heiligen Namen!
Lobe den Herrn, meine Seele,
und vergiß nicht all seine Erweisungen.
Der dir alle deine Sünden vergibt,
Der alle deine Gebrechen heilt,
Der dein Leben vom Tode erlöst,
Der dich krönt mit Gnade und Barmherzig-
keit,
Der mit Güte sättigt dein Verlangen,
Der adlergleich deine Jugend erneut.
Der Herr schafft Gerechtigkeit
und Recht allen, die Unrecht leiden.
Er hat seine Wege dem Moses zu erkennen
gegeben,
den Söhnen Israels seine Taten.
Barmherzig und gnädig ist der Herr,
langmütig, ehe er zürnt, und reich an Gnade.
Nicht in alle Ewigkeit wird er abweisend sein,
nicht in alle Zeitenkreise wird sein Zorn währen.
Nicht nach unseren Verfehlungen handelt er an
uns,
und nicht nach unserer Schuld vergilt er uns,
sondern wie der Himmel hoch ist über der Erde,

ist hoch seine Gnade über denen, die ihn ehr-
fürchtig scheuen.
So weit der Sonnenaufgang entfernt ist vom Un-
tergang,
entfernt er von uns unsere Sünden.
Wie sich ein Vater über Söhne erbarmt,
so erbarmt sich der Herr über die, die ihn ehrfürchtig scheuen.
Denn er weiß, wie es mit uns beschaffen ist.
Er gedenkt daran, daß wir Staub sind.
Der Sterbliche – wie das Gras vergehen seine
Tage.
Wie eine Blume des Feldes blüht er auf,
der Wind geht darüber hin, sie ist nicht mehr,
und nicht kennt man mehr ihre Stätte.
Die Gnade des Herrn ist von Ewigkeit zu Ewigkeit über denen, die ihn ehrfürchtig scheuen,
und seine Gerechtigkeit über den Söhnen ihrer
Söhne,
die da treu sind seinem Bunde
und seine Willensziele im Bewußtsein tragen,
sie zu verwirklichen.
In den Himmeln hat der Herr seinen Thron er-
richtet,
und seine Königsherrschaft umfaßt das All.
Lobpreiset Ihn, ihr seine Engel,
ihr Kraft-Helden, die ihr sein Wort wirket,
in die Hörbarkeit zu tragen die Stimme seines
Wortes.

Lobpreiset Ihn, all seine leuchtenden Heerscharen,
seine erhabenen Diener, die ihr seinen Willen
vollzieht.

Lobet Ihn, alle seine Werke,
an allen Orten seines Waltens.

Lobe den Herrn, meine Seele.

Übersetzung von Rudolf Frieling

Das Vaterunser
bei Kindern und für Verstorbene.
Fürbitte.

Sollte man – so wird oft gefragt – schon mit Kindern das Vaterunser beten? Für *Kinder* ist das Vaterunser erst vom 12. bis 14. Lebensjahr an als *eigenes* Gebet geeignet – dann, wenn das Gebet des Kindes nicht mehr in Gegenwart oder gemeinsam mit den Eltern verrichtet wird. Das heißt aber nicht, daß es nicht schon gelegentlich von Erwachsenen bei feierlichen Gelegenheiten oder im Religionsunterricht vom Religionslehrer vor und mit den Kindern gesprochen werden kann. Auf diese Weise sollten die Kinder schon früher den Text wie selbstverständlich kennen und mitsprechen lernen. Wenn dann die langsame Ablösung der Kinder von der äußeren Führung der Eltern erfolgt, sollte der Text des Vaterunsers den Kindern geläufig sein – er sollte nicht mehr extra gelernt werden müssen. Dann sollten die Kinder angeregt werden, das Vaterunser regelmäßig abends für sich zu beten; sie erfahren auch, daß das Vaterunser in allen Notsituationen, bei nächtlichen Angstzuständen usw. eine wirksame Hilfe sein kann; alles, was man Kindern aus der eigenen Gebetserfahrung mitgeben kann, sollte im geeigneten Augenblick an sie herangebracht werden; in der Regel wird die Zeit

der Konfirmation für diesen Übergang zum eigenen Beten des Vaterunsers der geeignete Zeitpunkt sein.*
Es braucht kaum betont zu werden, wie sehr die richtige Anleitung zum Beten im ersten Kindesalter eine Hilfe für das ganze weitere Leben des Menschen werden kann. Keinem Kinde gegenüber sollten wir die liebevolle Anleitung zum Beten versäumen.

*

Das Vaterunser bekommt einen besonderen Klang, eine eigene Tiefe, wenn wir es für einen *Verstorbenen* beten; für den Verstorbenen ist dies eine Hilfe, wie nur je ein richtiges Wort zur richtigen Zeit eine Hilfe sein kann – aber auch wir selbst können uns stärker in die Wirksamkeit des Gebetes einbezogen und dadurch beschenkt fühlen. Ein Zusammenleben mit dem Verstorbenen bahnt sich so auf selbstverständliche Weise an.
Von Rudolf Steiner gibt es nun auch *Sprüche für Verstorbene,* die hilfreich auf die Situation, in der sich die Verstorbenen befinden, einwirken. Sie können zum Beten des Vaterunsers hinzutreten. (Vgl. »Rudolf Steiner und unsere Toten«, Dornach 1935.)
Aus einer weitreichenden Kenntnis des Lebens und Erlebens nach dem Tode sind diese Sprüche geschaffen; sie sind deshalb eine besondere Hilfe für den, der sich nach dem Tode in neuen, ungewohnten Wirklichkeiten

* (Anm.:) Was das Gebet mit kleineren Kindern betrifft, sei verwiesen auf die »Gebete für Mütter mit Kinder« von Rudolf Steiner, Dornach 1953

zurechtfinden muß. Man kann den Wortlaut dieser Sprüche dem Beten des Vaterunsers vorangehen lassen: Eins kann das andere ergänzen und steigern.

Wichtig ist es, bei solcher Zuwendung zu einem Verstorbenen das lebendige Bild seines Wesens, seines Aussehens, seines Ganges, seiner Sprache usw. sich möglichst anschaulich vor die Seele zu rufen. Je besser dies gelingt, desto lebendiger wird die Beziehung und dadurch die Hilfe für den Verstorbenen sein können; man achte nur darauf, daß sich keine egoistischen oder sentimentalen Gefühle der Seele bemächtigen; die Seelenstimmung kann eine ganz innige, und trotzdem eine *sachlich*-liebevolle sein. Sie wird dem geistigen Bereich, in dem der Verstorbene jetzt lebt, dann am ehesten gerecht.

*

Es gibt manchen Anlaß, einen anderen Menschen – nicht nur einen Verstorbenen – *fürbittend* in das Gebet einzuschließen. Immer wird es möglich sein, das besondere Anliegen, welches man damit verbindet, im Wortlaut des Vaterunsers mitzuempfinden; wir haben davon gesprochen, wie das mehrfach wiederkehrende »uns« und »unser« geradezu voraussetzt, daß wir nicht nur für uns selbst, sondern auch für andere beten. Alle Fürbitte für einen anderen Menschen muß doch immer in das »Dein Wille geschehe« einmünden. Gerade das Vaterunser wird uns die Möglichkeit geben, alle anderen Menschen, an die wir fürbittend denken wollen, in unser Gebet einzuschließen.

Und doch kommen Augenblicke, wo wir noch ein besonderes *Wort* der Fürbitte, nicht nur einen *Gedanken,* für einen Anderen hinzufügen wollen. Da können wir auf einen Wortlaut hinweisen, den wir wiederum Rudolf Steiner verdanken; Er hat diesen Text während des ersten Weltkrieges jedesmal zu Beginn seiner Vorträge für die im Felde Stehenden gesprochen. Es kommt darin wie urbildlich die Haltung zum Ausdruck, die jede Fürbitte haben sollte; nicht um ein spezielles Anliegen wird gebetet; die helfende Liebe unseres Herzens wird hingelenkt zu dem schützenden Geist, dem Engel des anderen Menschen, der sie aufnehmen und seiner helfenden Kraft vereinen kann:

»Geister Eurer Seelen, wirkende Wächter!
Eure Schwingen mögen bringen
Unserer Seelen bittende Liebe
Eurer Hut vertrauten Erdenmenschen.
Daß mit Eurer Macht geeint,
Unsre Bitte helfend strahle
Den Seelen, die sie liebend sucht.«

※

Diesen Text kann man als Fürbitte sprechen; er zeigt uns zugleich, in welche Richtung wir gehen sollten, wenn wir eine *freie* Fürbitte dem allgemeinen Gebet anschließen wollen: Wir müssen der Gefahr entgehen, in kleinlicher oder gar egoistischer Weise etwas für den anderen zu erbitten; eigentlich kommt es gar nicht auf eine besondere Bitte dabei an, sondern auf den Strom der Liebe, den wir mit dem Wort der Fürbitte dem höheren, schützenden Wesen, dem Engel des anderen Menschen zusenden. Aus dieser selbstlos gegebenen Liebe wird die Kraft gebildet, die im *Sinne des Schicksals* dem Anderen Hilfe, Stärkung, Erweckung in ganz konkreten, alltäglichen Schwierigkeiten bringen kann.

Das Tischgebet

Das *Tischgebet* ist – wo es geübt wird – meist der Ausdruck der Dankbarkeit für die Gabe, die man empfangen darf; so erfüllt es einen guten, tiefen Sinn; ein Augenblick der Besinnung geht der Nahrungsaufnahme voran; der rein natürliche Vorgang wird anfangsweise auf eine höhere Ebene gehoben. Wer das Tischgebet nicht nur als äußere Formel spricht, wird dazu geführt, auch anders zu essen.

Das Tischgebet ist der Rest einer Lebenshaltung, die einmal das ganze Dasein des Menschen durchdrang: Da waren alle Verrichtungen, selbst die alltäglichsten, von Gebetsformeln begleitet; da herrschte das tief eingewurzelte Gefühl, daß kein Schritt im Leben ohne »Heiligung«, ohne die Empfindung der Gottesnähe getan werden solle. Dieses Gefühl ist auch heute noch z. B. im frommen Judentum lebendig. Es steigerte sich wohl auch zu dem Bewußtsein, daß der Mensch seiner Umwelt etwas schuldig bleibt, wenn er sie nur vom Standpunkt des Nutzens, ihrem Gebrauchswerte nach betrachtet, sie nur »benutzt« und »verbraucht«. Die Beziehung des Menschen zu seiner Umwelt wurde tiefer empfunden – »wesen«-hafter; die Umwelt, auch die alltägliche des Wohnraums usw., fühlte man nicht so abstrakt wie heute, sondern als »Ort« verschiedenartiger Lebendigkeit, die in ihrer Eigenart vom Tun und von der Gesinnung des Menschen abhängig ist und auf ihn zurückwirkt. Für den Römer z. B. waren die »Laren«, die Hausgeister, noch eine erlebte Wirklichkeit, und es war wichtig, sie in die religiösen Handlungen einzubeziehen. Im Grunde stand dahinter das *Bewußtsein von der Verantwortlichkeit des Menschen für seine Umwelt*, eine Umwelt, die er nicht nur äußerlich zu gestalten, sondern auch innerlich zu durchseelen hatte.

Unsere heutige auf Konsum und Wegwerfen eingestellte Lebenshaltung entfernt uns weit von solchen Empfindungen; und doch fühlen wir auch heute noch einem Hause, einer Wohnung, einem Lebensbereich an, welcher »Geist« in ihm waltet. Der Mensch prägt seine Umwelt; es geht etwas von ihm auf sie über; und selbst die alltäglichsten Handlungen werden von der *Gesinnung* des Menschen positiv oder negativ beeinflußt.

Es wird lange dauern, bis das Bewußtsein der inneren Verantwortung für die Umwelt die Menschheit wieder voll ergreifen kann; die heutige Bemühung um Umweltschutz ist vielleicht ein erster Schritt in dieser Richtung.

Aber das Tischgebet sollte hierin einen wirksamen Anfang bilden; es sollte mehr und mehr in diesem Zusammenhang verstanden werden. Dann wird es nicht der letzte Rest eines alten Verhältnisses zur Umwelt sein, sondern langsam ein neues Verhältnis begründen. Nicht nur das richtige Gefühl, Dank zu schulden für die Gabe, die ich empfange, sondern das Bewußtsein, daß der Vorgang der Nahrungsaufnahme als ein wichtigster menschlicher Akt von der richtigen Gesinnung begleitet, orientiert, in die rechte Richtung gebracht werden muß, läßt mich dann das Gebet sprechen. Das, was ich als Nahrung in mich aufnehme, kann mich nicht nur sättigen und beleben, sondern auch belasten – und dies auch im *innerlichen* Sinne. Ich werde stärker materiell gebunden mit meinen Seelenkräften, wenn ich nicht vorher einen Augenblick den inneren Aufschwung nehme und den Vorgang mit Gedanke und Gefühl zu durchlichten suche.

Was wir hier zu beschreiben versuchen, wird in Zeiten materieller Not, des Hungers, schwerer Krankheit leichter empfunden; da stellt sich eher das Gefühl ein, daß der geheimnisvolle Vorgang der Ernährung nur zum geringeren Teil materieller, äußerer Natur ist, daß da andere Kräfte aufgerufen werden können, die den materiellen Prozessen die *dem Menschen* angemessene Richtung verleihen; sie können ihn hinunterziehen und seine Leiblichkeit undurchlässiger machen für seine Seelen- und Geisteskräfte; oder es kann eine Anregung zur richtigen Durchseelung und Durchlichtung auch der körperlichen Prozesse damit verbunden sein. Die Art der Nahrungsaufnahme wirkt eben auf das Körpergefühl und die daran gebundenen seelischen Empfindungen *unmittelbar* ein.

Auf einer höchsten Stufe haben wir dieses Geheimnis vor uns, wenn wir im Sakrament Brot und Wein als Geistes-Nahrung im Sinne des Wortes »der Mensch lebt nicht vom Brot allein...« empfangen. Davon kann jedes Essen und Trinken einen Abglanz erhalten. (Selbstverständlich kann damit nicht gemeint sein, daß jede Mahlzeit etwas wie eine sakramentale Handlung werden sollte; die natürlichen Lebensverhältnisse müssen ihr Recht behalten dürfen; aber es gibt ja viele Zwischenstufen, sehr viele Nuancen, sich in diesen Bereichen so oder so zu bewegen – und darauf wird es immer mehr ankommen.)

*

Nach allem, was bisher gesagt worden ist, wäre das Tischgebet aber doch noch sehr in Gefahr, einen egoistischen Zug zu behalten; es würde doch wieder nur im Hinblick auf das empfunden, was *uns selbst* angeht. So soll zum Schluß ein letzter, ungewöhnlicher Aspekt hinzugefügt werden, den wir der Geisteswissenschaft Rudolf Steiners verdanken; wir können – was eigentlich einer längeren Darstellung bedürfte – hier nur andeuten und bitten den Leser, dies in Ruhe als eine Denkmöglichkeit (die gut begründet werden könnte) aufzunehmen und im Umgang mit eigenen Lebenserfahrungen zu erproben.
Wir haben auf die »Laren«, die Haus- und Feldgeister der Römer hingewiesen; sie gehören in den Bereich der unter dem Menschen stehenden Naturwesen, von denen auch sonst in älterer Zeit – heute noch in Märchen und Sagen – vielfach die Rede ist; sie sind nicht Einbildung einer unwissenschaftlichen Phantasie, sondern

gehören zum Leben der Natur und zum natürlichen Lebenskreis des Menschen, wenn auch der Mensch den Blick dafür – wie für alles Geistige in der Welt – verloren hat. Früher wurden diese Naturwesen hellsichtig wahrgenommen und in den menschlichen Lebenskreis in ihrer Art einbezogen. Die heutige Geisteswissenschaft spricht von diesen Naturwesen als von »Elementarwesen«.

Das eigentliche *Leben* der Natur, die lebendigen Prozesse überall sind nun mit diesen unscheinbaren, aber unermüdlich wirkenden Elementarwesen verbunden. Ihnen dankt der Mensch als den ihm vielfach dienenden Geistern die Lebendigkeit, Wachstumskraft, Fruchtbarkeit in der Natur – und eben auch die Nährkraft der Pflanzen rührt von diesen Wesen her. Wenn der Mensch ein Nahrungsmittel in sich aufnimmt, sind die damit verbundenen Naturwesen auf Gedeih und Verderb an ihn ausgeliefert; da er über ihnen steht, kann er sie aus dem reinen Naturdasein befreien und sie in eine aufwärtsgehende Entwicklung bringen; nimmt er aber nur mit rein materieller Gesinnung die Nahrung auf, so verfallen die damit verbundenen Elementarwesen den dunklen Bereichen des Daseins, in denen die Widersacher des Menschen wirken. Das Erlösungs- bzw. Verzauberungsmotiv unserer Märchen hat hier seinen realen Hintergrund.

Es ist also *für diese Wesen* nicht gleichgültig, wie der Mensch an den Ernährungsvorgang herantritt; auf seine Gesinnung kommt es dabei an. Rudolf Steiner hat

nachdrücklich darauf hingewiesen* daß es eben die
rechte oder unrechte Gesinnung des Menschen ist, die
das Schicksal dieser Wesen bestimmt. Hier stehen wir
vor einer Tatsache, die unsere Verantwortung für die
Umwelt so tief als möglich erscheinen läßt. Aus dem
Wissen um solche Tatsachen geht ein neues Verhältnis
zur Umwelt hervor. Und von da aus bekommt auch das
Tischgebet erst seinen sachlichen, nicht nur einen egoistischen Sinn. Ganz *sachlich,* nicht sentimental-gefüh-
lig sollte es auch gesprochen werden. Der von Rudolf
Steiner gegebene Wortlaut eignet sich in dieser Hinsicht
wohl auch am besten als Tischspruch; denn er läßt den
Zusammenhang zwischen Natur- und Menschenent-
wicklung in ganz sachlicher Weise anklingen; er sagt
das aus, was vor Beginn der Mahlzeit einen Augenblick
im Bewußtsein aufleuchten sollte, damit der ganze
Vorgang die gemeinte Richtung finde. Der Spruch lau-
tet:

> »Es keimen die Pflanzen in der Erdennacht,
> Es sprossen die Kräuter durch der Luft Gewalt,
> Es reifen die Früchte durch der Sonne Macht.
>
> So keimet die Seele in des Herzens Schrein,
> So sprosset des Geistes Macht im Licht der Welt,
> So reifet des Menschen Kraft in Gottes Schein.«

(R. Steiner, Wahrspruchworte – Richtspruchworte)

* In den Vorträgen »Die Anthroposophie und das menschliche Gemüt«

Wie anfangen?

Praktische Hinweise

Zum Beten kann und soll man niemanden überreden. Es muß ein Entschluß in der eigenen Seele sein – einmal anzufangen, oder neu anzufangen. Aber auch darüber kann man sich täuschen, daß man diesen Entschluß mit besonderer Anstrengung, mit einem »Kraftakt« der Seele fassen müßte, denn – er ist da; in der Tiefe des Herzens lebt er bereits, auch wenn ich ihn noch nicht weiß.

Wer den Anfang nicht finden kann, wird vielleicht eine Hilfe in dem Gedanken haben, daß wir im Schlaf tief mit dem Göttlichen verbunden sind; wir sind da in dem Bereich, dem wir uns im Gebet zuwenden. Vielleicht genügt es zunächst, diesen Gedanken vor dem Einschlafen, nach dem Aufwachen eine Zeit lang in sich aufleuchten zu lassen: Nachts lebe ich im Anschauen des Göttlichen; da erlebe ich die Wahrheit des Wortes: »In Ihm leben, weben und sind wir« (Apostelgeschichte 17). Dieser Gedanke kann durch sich selbst zur Stimmung und schließlich zum Gebet werden, noch ohne Worte. Und dann höre man aus dieser Stimmung heraus in die Worte des Vaterunsers hinein – so wie wir es am Anfang des Buches beschrieben haben; höre, noch ohne zu sprechen – wieder eine Zeitlang. Dann erwacht langsam der Entschluß, auch zu sprechen; und schließlich versuche man vorsichtig zu sprechen, ganz aus dem Hören heraus.

Nicht erwarten soll man, daß dies immer gleich gut gehe. Nicht immer sind wir richtig gestimmt. Aber schließlich bemerkt man: Das *Tun* ist wichtig, die treue *Bemühung* um das nicht immer zu Erreichende. Das Gebet sollte sein wie der Sonnenaufgang: Täglich ist er da, auch wenn schwere Wolken nur einen dunklen Tag zulassen – aber was wäre selbst solch ein Tag ohne die Sonne? So ist das Gebet da, auch wenn die Stimmung dabei nicht immer ungetrübt sein kann – das Tun wirkt durch sich schon als wirksame, tragende Kraft. Von der Vertiefung der Stimmung, um die wir uns bemühen müssen, haben wir in diesem Buche genug gesprochen; jetzt dürfen wir hinzufügen: In der treuen täglichen Übung liegt ein Wert, der durch nichts ersetzt werden kann; der wie eine Sonne alle Schwankungen unseres Gemütes überstrahlt; der uns und der Welt nicht fehlen soll – auch an trübem Tag! Solche Übung wird langsam und sicher ihre schicksaltragende Kraft entfalten.

Die Tageszeit

In den Kapiteln über das Gebet am Abend und am Morgen haben wir schon etwas über die besondere Gunst dieser Tageszeiten und über die besondere Stimmung, die das Gebet durch sie annimmt, ausgesprochen. Hier sei noch einiges allgemeine hinzugefügt. Das Vaterunser kann im Grunde zu jeder Tageszeit gebetet werden. Auch darf gesagt werden: Man kann es nicht oft genug beten. Der Abend und der Morgen sind zwar die Zeiten, wo das Gebet wie selbstverständlich sich dem Tageslauf einfügt; eine dritte Tageszeit wird für manche Menschen vielleicht die Mittagsstunde sein. Aber auch jede andere Tageszeit, die uns aus irgendeinem Grunde richtig zu sein scheint, ist für das Gebet geeignet. Manchmal gibt es auch aktuelle Anlässe: die Nachricht vom Tode eines Menschen, ein Unglück, ein Krankenbesuch, eine schwere Aufgabe, eine Bedrohung usw., um unmittelbar in das Beten des Vaterunsers überzugehen. Auch ist es manchmal des Nachts eine direkte Hilfe, wenn wir aus schweren Träumen oder mit Angstgefühlen erwachen, das Vaterunser zu beten. Wenn die Sicherheit auf diesem Felde wieder wächst, wird es selbstverständlich werden, für und mit Kranken das Vaterunser (oder den 23. Psalm) laut zu beten.

Wie oft?

Wir sagten gerade: Zu oft kann man das Vaterunser im Grunde nicht sprechen. Natürlich soll alles nur mechanische Herunterbeten vermieden werden. Aber auch das andere führt nicht weiter: wenn aus lauter Ehrfurcht vor der Größe des Textes der Entschluß nicht aufkommt, den Wortlaut wirklich zu sprechen.

Es wird richtig sein, sich zunächst *eine* bestimmte Tageszeit für das Gebet vorzunehmen und diese Zeit treu einzuhalten; der Abend ist ganz gewiß für den Anfang am besten geeignet. Das weitere »Wie oft« wird sich doch daraus ergeben, welche innere Beziehung sich zu der Kraft des Vaterunsers ergibt; je stärker diese Beziehung wird, desto vielfältiger werden die Gelegenheiten, an denen ich die Wirksamkeit des Gebetes aufrufen möchte.

Dem rein Gewohnheitsmäßigen kann man entgegenwirken: Von Zeit zu Zeit kann man sich mit einzelnen Worten und Sätzen des Vaterunsers so beschäftigen, daß sich das Verhältnis zu ihnen vertieft – etwa indem ich etwas darüber lese, mit einem anderen Menschen bespreche, oder das Vaterunser in ein vertieftes Nachdenken, in eine Meditation, einbeziehe.

Körperhaltung

Die Körperhaltung spielt bei Erwachsenen keine wesentliche Rolle. Für Wachheit sollte gesorgt sein. Aber es kann auch richtig sein, vor dem Einschlafen und nach dem Erwachen im Liegen zu beten (was für die Meditation nicht ratsam und da wohl erst nach längerer Übung möglich ist).

Für Kinder ist es in vielen Fällen richtig, sie stehend und mit gefalteten Händen beten zu lassen. Auch das Knien ist bei Kindern möglich, was für Erwachsene heute wohl kaum mehr in Frage kommt. (Auch ob die Hände gefaltet oder nur zusammengelegt werden, muß sich beim Erwachsenen aus den eigenen Empfindungen ergeben.)

Leise oder laut?

Eine Regel kann es auch da wohl nicht geben. Manche Lebensverhältnisse werden es nicht zulassen, laut zu beten; dann ist es besser, das Gebet halblaut oder nur in Gedanken zu sprechen, als es zu unterlassen. Man wird aber wohl bemerken können, daß mindestens von Zeit zu Zeit das laute Beten richtig ist: Im deutlichen *Aussprechen* teilt sich die Kraft des Wortes, des Lautes dem Gebete mit, das sonst nur einen gedankenartigen Charakter hat. Im Wort-laute liegt eine eigenständige Kraft, die ergriffen und wirksam werden kann. Man wird z. B. leicht bemerken können, daß beim Aussprechen des Wortes »Vater« sich die Seele in dem – a – zu öffnen, hinzugeben vermag, ja, daß in dem Laute selbst schon das Element der Hingabe liegt, während in dem – u – der Worte »unser« oder »zu uns« etwas Zusammenziehendes, in die Tiefe unseres eigenen Wesens Zurückführendes wirkt. Solches könnte man für alle Laute des Vaterunsers aufzeigen. Wer laut betet, kann sich so die Kraft des Wortes zunutze machen, selbst wenn er nicht gleich alle Laute in dieser Art mitempfindet. Wichtig ist dabei, nicht zu schnell, vielmehr – wie wir das beschrieben haben – aus dem inneren Hören heraus zu sprechen. Von Rudolf Steiner weiß man, daß er das Vaterunser täglich laut gebetet hat. –

Hier sei nun noch eine Erfahrung mit dem Vaterunser zitiert, die Simone Weil einmal in ihren Briefen ausspricht: »Seitdem habe ich mir als einzige Übung die Verpflichtung auferlegt, das Vaterunser jeden Morgen einmal mit unbedingter Aufmerksamkeit zu sprechen. Wenn meine Aufmerksamkeit unter dem Sprechen abirrt oder einschläft, so fange ich wieder von vorne an, bis ich einmal eine völlig reine Aufmerksamkeit erreicht habe. Dann kommt es wohl mitunter vor, daß ich es aus reinem Gefallen noch einmal von vorne aufsage, aber nur, wenn das Verlangen mich treibt.«

Im Alter

Für viele Menschen bedeutet es ein schwer zu tragendes Schicksal, im Alter, bei abnehmenden Kräften, nicht mehr in alle Lebensvorgänge einbezogen zu sein; das Handeln weicht der Beschaulichkeit; die Umstellung ist oft schwer.

Man kann sich zum Bewußtsein bringen, daß andererseits doch auch eine besondere Gnade mit diesem Lebensabschnitt verbunden ist. Denn es ist gut, daß nicht *alle* Menschen in eine äußere Tätigkeit eingebunden sind, sondern daß ein Teil immer äußerlich beiseite steht. Dieser Teil der Menschen hat nicht etwa *keine*, sondern *andere* Aufgaben als die tätig im Leben Stehenden. Da sind die Kinder, die aus dem Vorgeburtlichen Segenskräfte in die Menschheit hereinbringen, ohne die wir längst dem Abgrund verfallen wären; und da ist ein anderer Teil der Menschheit, welcher der Ewigkeit näher gerückt ist als die im vollen Leben Stehenden: Die alt Werdenden können Segenskraft aus der geistigen Welt hereinholen gerade deshalb, weil sie älter sind und sich aus der Erdverhaftung langsam lösen müssen; auch hier können helfende Kräfte entstehen, die die Menschheit sehr dringend braucht.

Dieses Bewußtsein kann dem älter Werdenden zuwachsen: Vom äußeren Handeln muß ich mehr und mehr Abstand nehmen; aber dadurch werden die Seelenkräfte frei, durch die ich auf andere, innerlichere Art auch mitwirken kann am Fortgang der Welt. Nicht nur die natürliche Segenskraft der Kinder – auch die gereifte Seelenkraft der alten Menschen braucht die Menschheit; sie braucht ihr Gebet. Und so wird es im Alter eine wirkliche, unermeßliche Lebensaufgabe: zu beten für andere Menschen, für die Menschheit, für den Fortgang der Welt; treu und hingebungsvoll zu beten mit dem Bewußtsein, daß es nun kaum etwas Wichtigeres und etwas Wirksameres geben kann als eben dies: Das kann mit zur Erfüllung des Alters beitragen. Christian Morgenstern, der lange an seiner schweren Krankheit Leidende, hat etwas davon ausgesprochen:

»(An Viele)
Ihr kennt sie, die Leidenschaft,
die uns verbindet:
Helfen, helfen, mit einer Kraft,
die alles überwindet.

(An Manche)
Ihr kennt es, das harte Leid,
heißt es entsagen,
mitzuwirken im Sturm der Zeit
zu neuem Gottestagen.

(An Einige)
Ihr kennt den Trost, der enttrübt,
die fern den Schranken: –
Werden draußen Taten geübt,
entsenden sie – Gedanken.«

Sakrament und Gebet

Emil Bock in seiner letzten Lebenszeit

Wer Emil Bock in den letzten Jahren seines Lebens hat sprechen hören, wird einen unauslöschlichen Eindruck davon in Erinnerung behalten haben. Da stand die wuchtige Gestalt des Redners wie ein geistiger Fels vor einer nach Hunderten zählenden Hörerschaft; die Stimme durchdrang den Raum bald mit ruhiger, gedankenklarer Kraft, bald wie ein Donnergrollen, über dem der Strahl des Geistesschwertes hin und wieder blitzte, dann wieder mit der ganzen Zartheit und der Liebe, die dem Menschen im Alter zuwachsen kann. Und das war es eben, was man in den letzten Lebensjahren an Emil Bock in zunehmendem Maße erlebte: daß seine Kämpfernatur, die ganz aus der ihr eigenen Willenskraft zu wirken verstand, immer deutlicher aus Güte, aus reifer Verinnerlichung des Herzens heraus zu sprechen vermochte.

Ganz besonders deutlich war das, als Emil Bock 1959 seine letzten beiden öffentlichen Vorträge hielt; sie waren bereits der Krankheit, die bald zum Tode führte, abgerungen. Da stand er noch einmal da – aufrecht wie eh und je – wieder blitzte das Geistesschwert; aber unüberhörbar war jetzt vor allem der Herzenston der Rede; ganz zum Innersten der Hörer wollte er jetzt sprechen. Und mancher hatte schon damals den Eindruck: Hier gibt ein Mensch sein Vermächtnis, aber nicht mehr nur aus seinem Wissen, sondern unmittelbar aus seinem Herzen.

✳

Nicht nur der *Ton* jedoch, auch der *Inhalt* der Vorträge hatte sich verändert. Gewaltig ist ja das Geistesgut, das wir Emil Bock verdanken: Wenn wir allein die acht Bände zur Geistesgeschichte der Menschheit von der »Urgeschichte« bis hin zur »Apokalypse« überschauen – ebensoviele Bücher schrieb er zu anderen Themen, von den »Wiederholten Erdenleben« bis zur »Schwäbischen Romanik«. Diese Schriften sind zum größten Teil aus Vorträgen, die er im Laufe der Jahre gehalten hatte, hervorgegangen. Emil Bock verdanken wir die wesentliche »Ent-deckung« des Alten Testamentes, der Evangelien, der Paulusbriefe, der Apokalypse auf der Grundlage der Anthroposophie; es liegt hier eine gewaltige wissenschaftliche Lebensleistung vor, auf der Generationen weiterbauen werden. Immer wieder war er bestrebt, das Geisteswissen dem Bewußtsein der Hörer zugänglich zu machen.

Nun aber – am Ende seines Wirkens – trat vermächtnishaft ein Motiv in seinen Predigten und Vorträgen deutlich in den Vordergrund: der Hinweis auf Andacht, Gebet, Feier des Kultus. Das war es, was ihm nun – als Quintessenz seines Forschens und Ringens – am Herzen lag und wovon er immer wieder sprechen wollte: daß in die heutige Welt eingefügt werden müsse der

»Wiederaufbau der Moral« und die »Magie des Guten« aus dem innersten Wesen des Religiösen, aus dem Gebet heraus.

Wir haben darauf hingewiesen, wie Emil Bock das Wesen des Vaterunsers tiefer zu erfassen suchte: Er sprach davon, man dürfe die »sieben Bitten« nicht als *Bitten* sprechen, sondern als unmittelbare Manifestationen, Verwirklichungen einer geistigen Tat im Gebet. Wer ihn das Vaterunser am Altar sprechen hörte, konnte verstehen, was er damit meinte. – Wir wollen hier noch zwei Absätze aus den genannten letzten Vorträgen anführen, in denen Emil Bock das zentrale letzte Anliegen seines Lebens ausspricht:

»Was ist leichter, Gott zu lieben oder die Menschen? Man wird zunächst antworten: die Menschen zu lieben ist, da uns diese näher sind, natürlich leichter. Aber das ist nicht so. Gott zu lieben ist der Kern der eigentlichen Lebenskunst. Ein frommes Gottesdienstleben, erst recht ein frommes regelmäßiges Gebetsleben aus reiner Liebe zum Göttlichen, führt dazu, daß man dann auch die Menschen liebt. Liebe zu Gott ist der Weg zum Mit-Menschen. Und wenn heute die Menschenliebe Schaden leidet, ist es wieder nichts anderes als ein Zeichen für den Nullpunkt in der religiösen Entwicklung, und es wird noch viel schlimmer werden. Die Liebe in der Menschheit wird noch viel seltener werden, wenn es nicht zu einer religiösen Erneuerung, d.h. zu einer wirklichen Anpflanzung und Pflege des modernen religiösen Lebens kommt...«

»Auf dieser Grundlage kann man die Hoffnung hegen, daß es die Menschen wieder zu einem religiösen Leben bringen und daß sie wieder beten lernen. Ungezählte Menschen, die fromm sein möchten, antworten, wenn man sie fragt, ob sie beten: Ich kann nicht. Die Fähigkeit zum Gebet geht immer mehr verloren oder ist schon verlorengegangen. Und das ist nicht verwunderlich. Es können die meisten Menschen nicht einfach für sich allein und aus sich selbst heraus die Kunst des Gebetes lernen. Das kultische Leben, das gottesdienstliche Leben, das Sakrament von Brot und Wein geben den Nähr- und Mutterboden, auf dem das Gebet, die Blüte des Seelenlebens, wieder wachsen und gedeihen kann. Ohne daß erst einmal diese Zone geschaffen wird, in die der Mensch eintauchen kann, ohne daß dieser Bereich gestiftet wird, wo das wahre höhere Selbst sich mit dem höheren Ich der anderen Menschen verbinden kann, d.h. ehe der heutige Mensch nicht die kultische Frömmigkeit lernt, lernt er eigentlich auch das Beten nicht.« »Ich habe über das sakramentale Leben und das Gebet gesprochen in dem Sinne, daß es heute eine dringende Zeitnotwendigkeit ist, daß dem Sterben, dem Tod der Frömmigkeit eine aufsteigende Religion, eine in Bescheidenheit neu angepflanzte Frömmigkeit entgegengestellt wird.

Wenn die Menschheit nicht wieder zur Religion vordringt, ist sie verloren. Es kommt nicht darauf an, welches Bekenntnis der einzelne Mensch wählt. Man wird heute an die Geheimnisse des Christentums selbst herangeführt, wenn man ehrlich ist. Aber es ist die Rettung der Menschheit, wenn, gewissermaßen aus einer großen menschheitlichen Umkehr, eine neue Kultur des sakramentalen Lebens und des Gebets entsteht, so daß nicht der Weg, der nach unten führt, weiter beschritten wird. Wir wollen alle, jeder zu seinem Teil, dazu beitragen, den Weg der Menschheit wieder nach oben zu kehren. Wenn das Menschen versuchen wollen, auch solche, die zunächst gar nicht die Absicht haben, sich einer religiösen Gemeinschaft anzuschließen, es würde ein großer Segen aus solchen Versuchen hervorgehen.«

Gebet und Meditation

Es wird heute viel, sehr viel von Meditation gesprochen. Die Sehnsucht nach geistiger Vertiefung ist groß. Meditation ist ein Mittel – ja, *das* Mittel – zu solcher Vertiefung. Die Verflachung aber, die andrerseits gerade heute mit dem Begriff Meditation vor sich geht, weil er so viel und leichtfertig gebraucht wird (– da gibt es »Bildmeditation«, »musikalische Meditation«, »Meditationen des ganzen Menschen« usw., wobei man das Wort Meditation einfach durch »ruhige Betrachtung« ersetzen könnte –), diese Verflachung darf nicht darüber hinwegtäuschen, daß mit echter Meditation immer ein ernster, lebenslanger Weg der Übung verbunden ist, der nicht leichtfertig beschritten werden sollte. Meditation erfordert konsequente Anstrengung aller Seelenkräfte und darf nicht ohne Vorbereitung und gründliche Kenntnisnahme geisteswissenschaftlicher Orientierung begonnen werden; außerdem gehören heute zur Meditation begleitende Übungen (»Nebenübungen«), die den Übenden davor bewahren, in zu starke Einseitigkeiten auf dem Übungswege abzuirren. Ja, im allgemeinen muß sogar dazu geraten werden, zunächst eine Zeit lang nur Übungen zur *Vorbereitung* zu machen, *bevor* die eigentlichen Meditationsübungen begonnen werden, um sich nicht den schon vorhandenen

Einseitigkeiten in der eigenen Seele zu stark zu überlassen.

Wenn es heute geistige Strömungen gibt, die mit dem Wort Meditation einen *leichten* Zugang zur geistigen Welt, zum »Transzendenten« versprechen, dann ist demgegenüber die größte Skepsis angebracht; Erfolge auf diesen Wegen brauchen nicht bezweifelt zu werden; aber sie führen nicht zu einer wirklichen Erkraftung und Durchgeistigung des Menschen, weil sie von vornherein auf die Mitwirkung der geistigen Ich-Kräfte bei der Übung, die nur durch *Anstrengung* erreicht wird, verzichten.

Demgegenüber ist jede wahre Meditation nicht ohne konsequente, geduldige Ich-Anspannung denkbar. Aber gerade dadurch erreicht sie auch wirklich die tieferen Kräfte des Menschen und stellt sie in ein neues Verhältnis zur Welt. Der geduldig Übende entfaltet Schritt für Schritt die tieferen Kräfte seines Wesens; dies aber gelingt nur bei unermüdlicher, ausdauernder Anspannung über lange Zeit.

※

Soll nun von dem gesprochen werden, was das Gebet von der Meditation unterscheidet und es als etwas Besonderes neben sie hinstellt, so müssen wir zunächst erwähnen, daß beide Übungsfelder letztlich auch ineinander übergehen: Meditation und Gebet berühren sich dort, wo das Gebet einen »meditativen« Charakter annimmt, d. h. wo es durch und durch hingebende Versenkung und beschauende Hingabe wird; und wo andrerseits Meditation übergeht in unmittelbare Anbetung und Verehrung des Göttlichen. Wenn dies deutlich ist, dann kann gesagt werden, daß der *Ausgangspunkt* für Gebet und Meditation doch verschieden sind.

Meditation besteht zunächst darin, daß ich eine Vorstellung, ein Bild, ein Wort (Mantram) zum ausschließlichen Inhalt, zur »Mitte« meines Seelenlebens mache und versuche, wenigstens kurze Zeit alles auszuschließen, was nicht zu dem gegebenen Inhalt gehört. Dieser Inhalt braucht sich nicht auf das Wesen des Göttlichen zu beziehen, wird dies zunächst auch meist nicht tun; die ganze Welt kann Gegenstand der Meditation – des vertieften, vergeistigten Anschauens – sein; und es wird sich dabei zunächst nicht um Anbetung oder Anruf eines Höheren handeln.

Gebet ist dagegen unmittelbare Zuwendung zu einem »Du«; es hat von vornherein nicht betrachtenden, »ein«-kehrenden Charakter, – es wendet sich unmittelbar an ein lebendiges *Gegenüber,* das den Menschen überragt und väterlich umfaßt; Gebet will die Anbetung und die Wesensbegegnung mit dem Höheren, aus dem das Menschen-Ich stammt und dem es Verantwortung schuldet; es führt diese Wesensbegegnung herbei. Daß die Gottheit im Gebet mit »Du« angesprochen werden darf, ist eigentlich etwas Ungeheures – und doch ist es so. Wir dürfen die Gottheit anreden, »Du«

nennen, und – *sie hört.* Das hat Christus selbst mit dem Gebet, das er gegeben hat, die Menschheit lehren wollen. Die Gottheit hört, wenn der Mensch betet, zu beten versucht (so wie eine Mutter etwa, bei allen Tätigkeiten doch immer mit einem Ohr bei den Kindern ist, und sofort hört, wenn etwas vorfällt, ja selbst oft in der Ferne noch fühlt, wenn einem Kinde etwas zustößt).

Die unmittelbare Zuwendung zu Gott, das innerliche Gespräch mit ihm – das ist das Wesen des Gebetes. Wie diese Zuwendung, dieses Gespräch aus einem innerlichen Hören hervorgehen und vertieft werden kann, haben wir am Anfang des Buches beschrieben.

*

Gebet und Meditation schließen einander nicht aus, sondern ergänzen sich. Schon das kleine Kind soll lernen zu beten; und es kann dies lernen, aus einer ganz natürlichen Kraft heraus. Das Gebet hat einen allgemein-menschlichen, umfassenden Charakter. Der einfachste und der fortgeschrittenste Mensch können in gleicher Weise mit ihm verbunden sein.

Zur Meditation gehört ein *reifer* Entschluß der Seele. Sie führt in den Bereich der tieferen Selbsterziehung und Schulung. Sie wird zum wirksamsten Mittel auf dem inneren Wege, der im geduldigen Ringen um den Fortschritt der Seele besteht. Auf diesem Wege wächst dem Menschen nur das zu, was er ausdauernd zu erstreben sucht.

Im Gebet wirkt die Gnade der geistigen Welt; sie

kommt dem Betenden unmittelbar nahe; Gott hört. Und in dem treu geübten, regelmäßigen Gebet reift langsam auch die Kraft zur Meditation heran; so wie andrerseits in ernster Meditation der Entschluß reifen mag, die göttliche Welt unmittelbar anzu*sprechen*, das heißt: zu beten.

Der dringenden Frage nach Meditation liegt heute weithin das Gefühl für den Ernst unserer Zeitsituation zugrunde. Der Zeitgeist sucht die Menschen, die um Vertiefung ihrer Seelenkräfte ringen. Und er braucht die Menschen, die beten wollen. Beides ist heute notwendiger denn je: damit der Zugriff des Ungeistes in unserer Zeit nicht zum »Verlust der Mitte« führt und zum Tod des Menschlichen im Menschen, sondern zur Steigerung der Zukunftskraft im Menschenherzen.

Rudolf Steiner und das Gebet

In diesem Buch ist immer wieder der Name Rudolf Steiners genannt worden. Der Hinweis auf sein Lebenswerk ist unerläßlich, wenn es sich heute um ein zeitgemäßes und zukunftfähiges religiöses Leben handeln soll; das heißt um ein religiöses Leben, das voll darin stehen kann in den Bewußtseinsforderungen unserer Zeit und gleichzeitig erkennend den geistigen Bereich der Welt einzubeziehen vermag. Die Trennung von Glaube und Wissen ist der Tod alles religiösen Lebens. Es kann sich nur darum handeln, das Wissen so zu erweitern – in den physisch-materiellen und den geistigen Bereichen des Daseins –, daß es den Glauben umfaßt und auch ihn wissend werden läßt.

Diese Tat verdanken wir Rudolf Steiner. Er stand voll erkennend in beiden Bereichen – dem physischen und dem geistigen – darin und hat in für das heutige Bewußtsein überschaubaren Begriffen zu zeigen vermocht, wie diese beiden Bereiche zusammenhängen und ineinander übergehen; wie die geistige, göttliche Welt nicht in einem »Jenseits« wirkt, sondern wie alles Dasein geistig durchdrungen und geistgezeugt ist, und wie der Mensch mit seinem Schicksal und Handeln daran Anteil hat.

Damit ist aber auch dem religiösen Leben ein sinnvoller

Platz in der Welt zurückerobert: Es ist der Ort, an dem der Mensch den Zusammenhang zwischen den irdischen und den göttlichen Kräften bewußt ergreift und für sein Schicksal und für die Welt mitgestaltet. Wir haben deshalb immer wieder auf Rudolf Steiner hingewiesen, weil durch ihn die Erkenntnis*grundlagen* und die *Einzel*erkenntnisse errungen worden sind, ohne die ein geistiges Leben angesichts des naturwissenschaftlich-technischen Bewußtseins unserer Zeit völlig in der Luft schweben würde. So, wie versucht worden ist, über den Zusammenhang des Menschen und seiner Handlungen mit der geistigen Welt zu reden, wäre es ohne den exakten Erkenntnisvorgang der Anthroposophie nicht möglich, oder müßte mystisches Gerede bleiben.

*

Sind wir so im allgemeinen – in den Bewußtseinsgrundlagen für das Religiöse – Rudolf Steiner verpflichtet und verbunden, so kommt noch etwas Besonderes hinzu: Rudolf Steiner hat auch über das Gebet selbst manches gesagt, was dem heutigen Menschen eine wesentliche Erkenntnis- und Lebenshilfe sein kann. Solche Hilfen sind vor allem in dem Vortrag »Vom Wesen des Gebetes« (Berlin, 17.2. 1910) enthalten. Wenn man die allgemeine Literatur über das Gebet und das Vaterunser, die sehr mannigfaltig ist, überschaut, dann bemerkt man, daß seine Darstellungen in einzigartiger Weise über alles derartige Schrifttum hinausragen; man erlebt: Hier spricht ein *Wissender;* aber man weiß gleichzeitig: So sprechen kann doch nur jemand, der nicht nur etwas *über* das Gebet zu sagen weiß, sondern der vor allem aus Erfahrung kennt, was es ist, zu beten –: Hier spricht ein *Betender*. Nur aus Erfahrung und Wissen heraus kann so über das Gebet gesprochen werden.

Wie schon erwähnt, berichten die mit Rudolf Steiner unmittelbar verbundenen Menschen, daß er täglich das Vaterunser laut betete. Der im höchsten Maße Erkennende konnte auch ein im tiefsten Sinne Betender sein.

✳

So überrascht es nicht, Rudolf Steiner bei der Begründung der Christengemeinschaft als den aus geistiger Vollmacht Sprechenden und Handelnden zu sehen. Durch ihn konnte der erneuerte Kultus seinen Weg auf die Erde finden. Die Begründer erlebten an Rudolf Steiner, wie heute aus neuer Kraft das Kultuswort gesprochen, gebetet werden kann; und sie erlebten an ihm, wie das Sprechen des Vaterunsers die Gewalt wieder haben kann, die Erde und Himmel neu zu verbinden vermag; sie konnten von ihm die Belehrung empfangen darüber, was in Zukunft das gemeinsam erlebte Gebet – der Kultus – und das in Treue geübte Gebet des Einzelnen – das Vaterunser – für die Menschheit und den Fortgang der Welt bedeuten wird.

So mögen einige Sätze aus dem angegebenen Vortrag Rudolf Steiners den Schluß dieses Buches bilden.

»Solche Betrachtungen wie diese über ›das Wesen des Gebetes‹ sind heute nicht beliebt. Heute hört man z. B. sagen: ›Nun, was sollte denn das Gebet an dem Lauf der Welt ändern können, wenn wir um dieses oder jenes bitten? Der Gang der Welt geht doch nach notwendigen Gesetzen, die wir nicht ändern können!‹ Wer wirklich eine Kraft erkennen will, muß sie da suchen, wo sie ist. Wir haben heute die Kraft des Gebetes in der menschlichen Seele gesucht und haben gefunden, daß sie etwas ist, was die Seele vorwärts bringt. Und wer da weiß, daß in der Welt der *Geist* es ist, der wirkt – nicht der phantastische, abstrakte, sondern der *konkrete* Geist –, und daß die menschliche Seele dem Reich des Geistes angehört, der wird auch wissen, daß nicht nur materielle Kräfte in der Welt nach äußerlich notwendigen Gesetzen wirken, sondern daß alles, was geistige Wesenheiten sind, in der Welt auch dann wirkt, wenn die Wirkungen dieser Kräfte und Wesenheiten für das äußere Auge und für die äußere Wissenschaft nicht sichtbar sind. Stärken wir also das geistige Leben durch das Gebet, dann brauchen wir die Wirkungen nur abzuwarten. Sie werden sich einstellen. Aber es wird erst der die Wirkungen des Gebetes in der äußeren Welt suchen, der zunächst selber die Kraft des Gebetes als Realität erkannt hat.

Wer das erkannt hat, der möge einmal folgendes Experiment machen. Er möge, nachdem er zehn Jahre seines Lebens die Kraft des Gebetes verachtet hat, auf dieses zehnjährige, ohne Gebet verlaufene Leben zurückblikken; und möge zurückblicken auf einen zweiten Abschnitt, der auch schon vergangen ist, der wieder zehn Jahre dauerte, in welchem er die Kraft des Gebetes erkannt hat, und er möge beide Jahrzehnte vergleichen: er wird sehen, wie sich der Verlauf seines Lebens geändert hat unter dem Einfluß jener Kraft, die er mit dem Gebet in die Seele ergossen hat. Kräfte zeigen sich in ihren Wirkungen. Es ist leicht, Kräfte zu leugnen, wenn man ihre Wirkungen gar nicht hervorruft. Wie sollte der ein Recht haben, die Kraft des Gebetes zu leugnen, der gar nicht versucht hat, das Gebet in sich wirksam werden zu lassen! Oder glaubt man, daß derjenige die Lichtkraft kennt, der sie niemals entwickelte oder sich niemals ihr genaht hat? *Eine Kraft, die in der Seele und durch die Seele wirken soll, lernt man nur erkennen in ihrem Gebrauch.*

Auf weitere Wirkungen des Gebetes einzugehen – das lassen Sie mich nur durchaus gestehen –, dazu ist die Gegenwart, wenn man sich auch noch so vorurteilslos in sie hineinstellt, noch nicht die rechte Zeit. Denn zum Begreifen dessen, daß ein Gemeindegebet, das heißt, das Zusammenfließen jener Kräfte, die aus einer betenden Gemeinde sich ergeben, erhöhte Geisteskraft und damit erhöhte Kraft der Wirklichkeit hat, um das zu begreifen, sind die Elemente in unserm Zeitverständnis noch nicht herbeigetragen. Daher begnügen wir uns mit dem, was heute als das innere Wesen des Gebetes vor unsere Seele getreten ist. Es genügt auch. Denn wer einiges Verständnis dafür hat, wird allerdings hinauskommen über manches, was heute als Einwand gegen das Gebet so leicht erhoben wird.«

Zwölf Jahre später – 1922 – hat Rudolf Steiner zur Begründung eines neuen »Gemeindegebetes« seine Hilfen gegeben: Der Kultus und das Wirken der Christengemeinschaft nahmen damit ihren Anfang.

JOHANNES HEMLEBEN
Urbeginn und Ziel

Der gemeinsame Weg von Erde und Mensch

132 Seiten, bibliophiler Pappband

Johannes Hemleben zeigt in diesem Buch, wie heute ein Weg gefunden werden kann von einem Verständnis des Menschen Jesus von Nazareth zum Gottessohn Christus. Er zeichnet in der ihm eigenen prägnanten Art der Darstellung die wesentlichen Grundzüge eines umfassenden christologischen Weltbildes und stellt dar, wie Urbeginn und Ziel des Menschheitsweges aufeinander bezogen sind: das Neue Testament ist nicht verständlich ohne das Alte Testament mit seinem Schöpfungsbericht und den Schilderungen vom vierfachen Sündenfall (Versuchung, Brudermord des Kain, Sintflut, Turmbau zu Babel). Diesem vierstufigen Fall der Menschheit in die Materie steht die vierstufige Erlösungstat Christi gegenüber: Karfreitag, Ostern, Himmelfahrt, Pfingsten.
In eindringlich geschriebenen straffen Kapiteln bringt Hemleben die wichtigen Stationen des Jesuslebens und des Christuswirkens einem neuzeitlichen Erkenntnisbedürfnis nahe. Damit sind dem Leser Bausteine einer wirklichkeitsgemäßen Christologie an die Hand gegeben, ohne die heute der gemeinsame Weg von Erde und Mensch nicht weitergegangen werden kann.

VERLAG URACHHAUS STUTTGART